Karriere statt Konflikte

Inhalt

Menschen haben Konflikte

→

Konflikte zwischen Menschen sind so alt wie die Menschheit selbst. Und in einem Punkt ist sich die Menschheit einmal einig: Alle sehnen sich nach einer Welt ohne Konflikte. Nur: Wie kommt man dorthin? Kann man dieses Ziel je erreichen? Und ist es überhaupt sinnvoll, nach einer konfliktfreien Welt zu streben?

interview

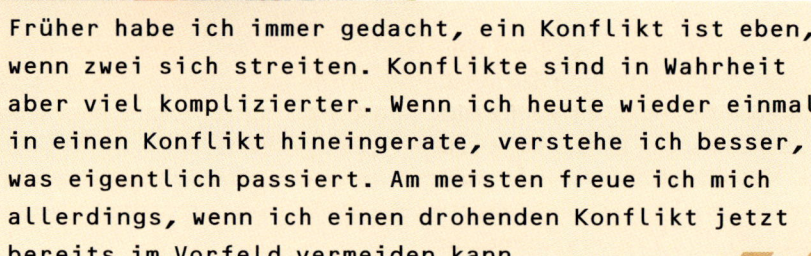

> Früher habe ich immer gedacht, ein Konflikt ist eben,
> wenn zwei sich streiten. Konflikte sind in Wahrheit
> aber viel komplizierter. Wenn ich heute wieder einmal
> in einen Konflikt hineingerate, verstehe ich besser,
> was eigentlich passiert. Am meisten freue ich mich
> allerdings, wenn ich einen drohenden Konflikt jetzt
> bereits im Vorfeld vermeiden kann.

KONFLIKTE HABEN VIELE GESICHTER

Vor einiger Zeit konnte man in den Tageszeitungen eine kleine Meldung mit seltenem Inhalt lesen. Berichtet wurde von folgendem irregulären Verhalten des Zugführers eines ICE-Zugs: Der Zugführer hatte seinen mit Fahrgästen gut besetzten Zug in einem Tunnel nicht weit vor Frankfurt zum Halten gebracht. Dann begab er sich in das Bordrestaurant, um dort seine Pause zu verbringen. Nachdem er getrunken und gegessen hatte, wollte er weiterfahren, woran ihn nun aber die Polizei hinderte, die darauf bestand, zuerst den Tunnel nach eventuell in der Zwischenzeit ausgestiegenen Passagieren abzusuchen. Nachdem der Tunnel untersucht und die Weiterfahrt freigegeben worden war, erreichte der ICE-Zug den Frankfurter Bahnhof mit 45 Minuten Verspätung. Der Zugführer wurde in der Folge vom Dienst suspendiert.

Nachhaken lohnt sich

Meldungen wie diese können zum Nachdenken anregen. Was ist passiert? Wie kommt dieser Mensch dazu, sich so zu verhalten? Worin bestand sein Fehlverhalten? Vielleicht nur darin, dass er den ICE in einem Tunnel anhielt anstatt auf freier Strecke, von wo aus er hätte ungehindert weiterfahren können? Man kann die Fragen aber auch noch weiterspinnen: Liegen vielleicht noch mehr Verspätungen daran, dass die Lokführer Pause machen, wann immer es ihnen gefällt?

Wer sich also nur etwas näher mit dieser kleinen Zeitungsmeldung beschäftigt, für den tun sich diese und noch viele Fragen mehr auf. Basiert die erwähnte Zeitungsmeldung eventuell nur auf einer Mitteilung der Bahn AG oder wurde auch der Zugführer befragt? Wenn man dazu noch annimmt, dass der Wahrheitsgehalt der Meldung vielleicht zu wünschen übrig lässt, merkt man, dass man sich im Bereich purer Spekulation bewegt, wenn man versucht, den Zusammenhängen der Zeitungsnachricht durch bloßes Nachdenken auf den Grund zu gehen. Wahrscheinlich gibt es Informationen, die wir nicht haben und die uns dieses Verhalten erklären könnten. Doch es lohnt sich, etwas über die Hintergründe zu spekulieren, denn das Verhalten des Zugführers ist auf spektakuläre Weise ungewöhnlich und ohne Zusatzinformationen gänzlich unverständlich.

Auf den zweiten Blick

Über diesem – und den meisten Konflikten – steht kein Schild, das auf sie hinweist. Doch wenn die Beteiligten ein für Außenstehende unverständliches Verhalten an den Tag legen, kann man davon ausgehen, dass hier ein Konflikt vorliegt. Wer mit der Historie eines Konflikts nicht vertraut ist, kann sozusagen nur eine Momentaufnahme des Konflikts sehen. In Wirklichkeit aber hat jeder Konflikt eine Geschichte und jedes Verhalten ist das Ergebnis eines Entwicklungsprozesses.

Als Konfliktverhalten wird das Vorgehen des Zugführers plötzlich plausibel. Nun erscheint die Pause im Tunnel als demonstrativer Akt, als öffentlichkeitswirksame Kampfhandlung mit selbstzerstörerischem Charakter, bei der die Missachtung der Bedürfnisse der Reisenden nach Bequemlichkeit und Pünktlichkeit die Öffentlichkeitswirksamkeit sicherstellte. Das gleiche Verhalten des Zugführers eines Güterzuges wäre sehr wahrscheinlich nicht in die vorderste Reihe der Zeitungsmeldungen gelangt.

> **!**
>
> # wichtig
>
> **Aus der kleinen Zeitungsnachricht lassen sich drei Schlüsse ziehen:**
>
> ✔ Konflikte sind nicht urplötzlich da, sie entwickeln sich.
>
> ✔ Das Verhalten von Konfliktparteien kann unverständlich sein, wenn man die Entwicklungsgeschichte eines Konflikts nicht kennt.
>
> ✔ Wie wir selbst einen Konflikt wahrnehmen, hängt davon ab, wie wir zum Thema des Konflikts stehen.

Ein weiterer Aspekt ist ebenso interessant: Sicherlich werden die Leser die Meldung unterschiedlich aufgenommen haben – je nachdem, aus welcher Sicht sie die Welt sehen. Man kann sich leicht vorstellen, dass ein bahnreisender Geschäftsmann zu dem Vorfall eine andere Meinung hat als ein bei der Bahn beschäftigter Zugführerkollege, ein gewerkschaftlich orientierter Bahnarbeiter oder ein überzeugter Autofahrer.

Was genau ist ein Konflikt?

Heute ist viel von Konflikten die Rede – und es gibt in der Tat viele Konflikte. Andererseits taucht der Begriff auch dann häufig auf, wenn es sich in Wirklichkeit nur um eine Vorstufe davon oder um eine Differenz handelt. Und so

manche Auseinandersetzung, die vorschnell als Konflikt bezeichnet wurde, ist genau deshalb aus den Fugen geraten und erst dann zum Konflikt geworden. Der folgende kurze Dialog verdeutlicht das Prinzip der »selbst erfüllenden Prophezeiung«.

A: »Bist du genervt ?«
B: »Nein.«
A: »Ich finde doch.«
B: »Nein, wirklich nicht.«
A: »Ich glaube trotzdem, dass du es bist.«
B: »Jetzt nervst du aber, lass mich in Ruhe.«
A: »Siehst du, ich hab's ja gleich gewusst.«
Um also nicht aus jeder »Mücke« einen »Elefanten« zu machen, sollte man versuchen, den Begriff Konflikt zu definieren und gegen die Begriffe Problem und Differenz abzugrenzen (siehe Kasten).

→ problem – differenz – konflikt

Um Missverständisse bei der Benutzung der Begriffe »Problem«, »Differenz« und »Konflikt« auszuschließen, hier die Bedeutungen, wie sie in diesem Buch verwendet werden:

Als **Problem** wird in diesem Buch eine Aufgabe oder Sachfrage bezeichnet, die momentan nicht lösbar erscheint, die aber gelöst werden soll oder muss und für deren Lösung zusätzliche Mittel (zum Beispiel Informationen, Werkzeuge) benötigt werden.

Eine **Differenz** zu haben heißt, im Denken, Fühlen oder Wollen unterschiedliche Inhalte zu vertreten, ohne dass das für einen der Beteiligten problematisch ist. Alle Menschen haben Differenzen miteinander, da sie verschieden denken und fühlen.

Ein **Konflikt** schließlich liegt dann vor, wenn die Differenzen im Denken, Fühlen oder Wollen zu Handlungen führen, die von anderen Mitmenschen so erlebt werden, dass diese dadurch (in ihren Handlungen) mehr oder weniger beeinträchtigt werden.

Konfliktdefinition

In der Alltagssprache benutzen wir das Wort »Konflikt« sehr häufig und dabei recht undifferenziert und vor allem ohne eine klare Vorstellung davon zu haben, was sich dahinter wirklich verbirgt.

Oft werden beispielsweise die Begriffe Problem, Differenz und Konflikt durcheinander gebracht. Um erst gar keine Missverständnisse aufkommen zu lassen, finden Sie eine Gegenüberstellung der Begriffe auf der linken Seite. Wer tiefer in das Thema einsteigen möchte, für den existiert umfangreiche, theoretisch orientierte Literatur zum Thema. Dort finden sich dann auch verschiedenste Definitionen des Begriffs Konflikt. Konflikt soll in unserem Fall jedoch ausschließlich als Synonym für »sozialer Konflikt«, also für Konflikte zwischen Menschen, gebraucht werden.

Dementsprechend lassen sich folgende Voraussetzungen ableiten, die Grundlage eines Konflikts sein können:

→ Damit es zu einem Konflikt kommt, muss es mehrere Parteien geben, die in Interaktion stehen.

→ Es genügt schon, dass nur eine beteiligte Partei subjektiv die Unvereinbarkeit erlebt und danach handelt.

→ Es muss in irgendeiner Weise gehandelt werden.

Resümee: Es genügt also bereits, dass sich mindestens eine der beteiligten Parteien durch mindestens eine andere Partei beeinträchtigt fühlt. Damit ein Konflikt entstehen kann, muss erstere den Wunsch haben, den als negativ empfundenen Zustand zu ändern und sich auch entsprechend verhalten.

Warum entstehen Konflikte?

Was aber sind die Ursachen für die Entstehung und Eskalation von Konflikten? Auf theoretischer Basis sind einige Modelle entwickelt worden, die versuchen, die Ursachen und sogar eine »Mechanik« der Konfliktentstehung zu enträtseln und zu beschreiben. Grundsätzlich sind es zwei Komponenten, die in einem Konfliktfall zum Tragen kommen: Der Selbstwert- beziehungsweise Essenzschutz und der so genannte Autopilot. Doch was genau verbirgt sich hinter diesen Begriffen?

Auch Sie schützen Ihr Selbstwertgefühl!

Bei seiner Geburt ist der Mensch nicht nur ein gänzlich ungeschütztes, sondern auch ein vollständig natürliches Wesen. Man kann auch sagen, er ist pure Essenz. Im Laufe seiner Entwicklung kommt dieser kleine Mensch mit Versagungen in Berührung, auf die zu reagieren er lernt. Er baut Abwehrmechanismen auf, die man sich wie um die Essenz herumgelegte Schichten vorstellen kann.

→ Die erste und damit innerste Schicht ist die der Weh-Gefühle. Hier liegen Gefühle von Unverstanden-Sein, Ausgeliefert-Sein, Abgetrennt-Sein. Diese erste Schicht baut der Mensch bereits im Säuglingsalter auf.

→ Im Laufe des Heranwachsens kommt eine nächste Schicht hinzu. Sie hat die Aufgabe, die Schicht der Weh-Gefühle zu schützen und besteht deshalb aus harten Gefühlen, die der Abwehr dienen. Hier finden sich Aggression, Überheblichkeit, Misstrauen, Rache und Vergeltung. Da diese Abwehrschicht sozial nicht akzeptabel ist, fügt der Mensch – quasi als Tarnung – weitere Schichten hinzu.

→ Dies sind die Personas, die Rollen, die zu spielen alle Menschen lernen. Der Begriff »Personas« stammt übrigens aus der Antike. Dort hielten Schauspieler sich Masken vor die Gesichter, um ihre jeweilige Rolle zu verdeutlichen. (*Persona,* von *per sonare* [lat.], durch die Maske hindurchtönen). Außen, also an der Oberfläche, sind die Personas zu finden, die der Umwelt gern gezeigt werden, da sie im sozialen Umgang Vorteile bringen. Diese Personas sind sozusagen der bunt angestrichene Zaun um das Grundstück der eigenen Persönlichkeit, der zeigen soll, dass es sich um ein hübsches Grundstück handelt, allerdings, ohne dem Betrachter wirklich einen Blick ins Innere zu erlauben. Diese äußeren, positiven Personas zeigt man bereitwillig. Dazu gehören Rollen wie Feuerwehrmann, Überkompetenter, Alleskönner, starker Arm, Helfer in der Not, Troubleshooter, Professor und viele mehr. Fällt diese äußere Maske, weil man beispielsweise mit ihr nicht mehr »weiterkommt«, so gerät der Betreffende unter Stress. In diesem Fall kommt die nächste Schicht, die der negativen Personas, zum Zuge. Sie liegt unter den positiven Personas verborgen und beinhaltet Eigenschaften und Rollen, die im Umgang mit anderen Menschen eher Nachteile bringen. Das können beispielsweise Ungeduld, Trampeligkeit oder Hilflosigkeit sein, die in Analogie zu ihren positiven Kollegen Namen wie »Keine Zeit«, »Bulldozer« oder »Verstehnix« haben könnten.

Ein leider nicht ganz seltenes Beispiel hierfür bietet der abgewiesene Verehrer: Eben hat er noch souverän und voller Charme das Objekt seiner Begierde umschwärmt und glaubte sich beinahe am Ziel. Dennoch wurde er abgewiesen. Jetzt zeigt er innerhalb von Sekunden ein völlig anderes Gesicht. Brüsk und wortkarg ist er nun, die eben noch Angebetete glaubt fast, einen ganz anderen Menschen vor sich zu haben. Und das ist noch die milde Variante, denn in Einzelfällen kann es jetzt durchaus auch einmal zu Beleidigungen oder mehr kommen.

Wenn in Konfliktsituationen und unter psychischem Stress nach und nach Risse in den beschriebenen Schichten entstehen, wird die jeweils tiefer liegende Schicht aktiviert und kommt zum Vorschein. Wer in dieser Situation nicht weiß, warum er plötzlich beginnt aus der Rolle zu fallen, empfindet das als schmerzhaft und versucht daher, es zu vermeiden. In der Folge wehrt er sich gegen die vermeintliche Demaskierung, ergreift seinerseits die Initiative und spielt mit im Konflikt.

Sich selbst zu schützen hat Priorität

Jeder Mensch hat vor allem ein zentrales Anliegen: Er will seinen Selbstwert erhalten.
Wenn also alles ideal läuft, bekommen wir
in allen Bereichen des menschlichen Lebens
dieses Selbstwertgefühl bestätigt:

→ Am Arbeitsplatz durch fachliche Qualifika-
tion, durch Erfolg und Karriere.

→ In der Familie durch Liebe und Harmonie,
Intimität und Achtung der Person.

→ Im Verhältnis zu Freunden und Bekannten
durch Anerkennung und Wertschätzung.

→ Im Verhältnis zu sich selbst durch Stimmig-
keit von Selbstbild und Fremdbild, von Ich
und Ich-Ideal und letztlich auch durch ein
gutes Gewissen, das aus der Übereinstimmung
von Einstellung und Verhalten resultiert.

Wird der Selbstwert nun in Frage gestellt, beispielsweise durch das Ausbleiben von einzelnen oder mehreren der oben angeführten
Bestätigungen oder durch andere Frustratio-
nen, treten Abwehrmechanismen auf den
Plan. Diese bestehen aus Wut, Verdrängung,
Gereiztheit: Der Betroffene neigt nun eher
dazu, in den Konflikt zu gehen und die Auswirkungen der Abwehrmechanismen in Kauf
zu nehmen: Die Folgen sind Streit und Kampf,
Vorwürfe, offene Aggression, Strafe und nicht
zuletzt Resignation. Denn: Das höchste Gut
des Einzelnen ist der eigene Wert.

Autopilot – Denken in Schubladen!

Vielleicht haben Sie auch schon einmal Folgendes erlebt: Während einer Autofahrt sind
Sie tief in Gedanken versunken oder unterhal-
ten sich angeregt mit dem Beifahrer. Plötzlich
»wachen Sie auf« und fragen sich, wie Sie es in
den letzten fünf Minuten geschafft haben, keinen Unfall zu bauen – Sie haben keine Erinnerung an die Verkehrssituation der letzten
Minuten. Das, was Sie in dieser Zeit heil durch
den Verkehr gebracht hat, war Ihr Autopilot.
Mit dem Begriff »Autopilot« wird die Fähigkeit des Menschen zum automatischen Vergleichen und Einsortieren von Geschehnissen
beschrieben. Einerseits wird diese Fähigkeit
gern negativ als »Schubladendenken« bezeichnet, doch wenn eine konkrete Gefahrensitua-
tion vorliegt, kann sich dieser automatische
Vorgang als sehr förderlich erweisen.
Obwohl jeder den Autopiloten kennt, haben
die meisten Menschen doch eine andere Vorstellung davon, wie Menschen »sind«.

Tischplattenlogik – das Ideal

Stellen Sie sich eine Tischplatte vor, die mit
einer gleichmäßigen, dicken Schicht Sand
bedeckt ist. Wenn nun ein Gegenstand, beispielsweise eine Glasmurmel, senkrecht auf
diesen Sand fällt, wird die Kugel genau dort
liegen bleiben, wo sie hingefallen ist. Eine
zweite Kugel, die fünf Zentimeter neben die
erste fällt, bleibt ebenfalls genau an der entsprechenden Stelle liegen. Betrachtet man diesen Versuchsaufbau als System, kann man feststellen, dass dieser Versuchsaufbau den
jeweiligen Input (die fallende Kugel) sehr
exakt verarbeitet und genauestens wiedergibt.
In der allgemeinen Vorstellung sollte der
Mensch genauso beschaffen sein, er sollte
Input ebenso genau umsetzen können wie die
Sandfläche das tut. Die menschliche Wirklichkeit sieht jedoch ganz anders aus.

Der Mensch – ein musterbildendes System

Im Gegensatz zum obigen Modell der Sandoberfläche funktioniert das menschliche Gehirn eher wie ein Kopfkissen: Die erste Kugel schafft sich eine Vertiefung und bleibt in dieser liegen. Die nächste Kugel schafft sich eine eigene Vertiefung – aber nur dann, wenn sie weit genug von der ersten entfernt landet, sonst rollt sie zur ersten Kugel hin. Nach einigen Kugeln ist das ganze Kopfkissen quasi zur Landschaft geworden, es gibt nur noch Vertiefungen und Rinnen, aber keine Stellen mehr, an der eine neue Kugel einfach liegen bleiben könnte: Sie muss unweigerlich in eine der vorhandenen Mulden rollen und sich zu den dort bereits liegenden Kugeln gesellen.

Der Mensch besitzt die einzigartige Fähigkeit, mit großer Geschwindigkeit Ereignisse mit bisherigen Erfahrungen zu vergleichen und aus diesen Vergleichen Regeln abzuleiten. Das bedeutet, dass die Kugeln – also jedes neue Ereignis, jeder neue Eindruck – sehr schnell in ihre Mulden rollen. Diese Fähigkeit ermöglicht es dem Menschen, in unserer Welt zu leben: Ein Frühstück zubereiten, Auto fahren – das sind komplexe Tätigkeiten, die wir oft automatisch verrichten. Stellen Sie sich vor, Sie müssten jeden Morgen die Bedienungsanleitung der Kaffeemaschine aufs Neue studieren oder sich beim Autofahren vor jedem Bremsen ins

Gedächtnis rufen, wie das geht. Sie hätten keine Chance, Ihren Tag auch nur halbwegs in gewohnt produktiver Art zu verbringen.

Get the cheese

Ein weiterer, imaginärer Versuchsaufbau zeigt, dass diese Fähigkeit dem Menschen aber nicht nur Vorteile verschafft:

Stellen Sie sich einen Raum vor, in dem es nach Käse riecht und in dem mehrere Röhren parallel nebeneinander liegen. In einer dieser Röhren liegt tatsächlich Käse. Wenn Sie nun eine Maus in diesen Raum lassen, wird die Maus anfangen, den Käse zu suchen. Sie wird erst in einer Röhre suchen, dann in der nächsten und so fort, bis sie den Käse gefunden hat. Beim nächsten Mal wird sie genau dieses Verhalten wieder zeigen. Es wird relativ lange dauern, bis sie begreift, dass der Käse immer in einer bestimmten Röhre liegt. Wenn die

Wenn es darum geht, erlernte Muster wieder loszulassen, ist die Maus dem Menschen deutlich überlegen.

Maus das verstanden hat, sich ihr Muster »Käse in der dritten Röhre«, gebildet hat, wird sie geradewegs zur richtigen Röhre laufen. Wenn nun der Käse eines Tages in einer anderen Röhre liegt, das Muster also nicht mehr greift, wird die Maus dieses Muster ohne Zögern verlassen und in den anderen Röhren suchen.

Ganz anders der Mensch: Er erkennt das Muster deutlich schneller und holt sich den Käse schon sehr bald ohne großes Nachdenken aus der richtigen Röhre. Wenn jedoch der Käse plötzlich in einer anderen Röhre liegt, tut er sich deutlich schwerer als die Maus, sein Muster loszulassen und in den anderen Röhren nachzusehen. Er wird darüber nachdenken, wer an der Sache schuld sein könnte und darüber grübeln, welche Vorkehrungen getroffen werden können, damit so etwas nicht noch einmal passiert. Wenn möglich wird er das Problem mit anderen diskutieren und dort seine Entrüstung zum Ausdruck bringen.

Wasserscheidenlogik

Stellen Sie sich bitte vor, Sie stehen irgendwo in der Schwäbischen Alb, direkt auf der Wasserscheide zwischen Rhein und Donau. Sie haben zwei Eimer voll Wasser mitgebracht und gießen nun einen Eimer links der Wasserscheide, den anderen rechts aus. Obwohl Sie die beiden Eimer in einem Abstand von vielleicht nur einem Meter ausgeschüttet haben, wird Folgendes passieren: Das Wasser aus dem einen Eimer wird in die Donau und mit dieser in das Schwarze Meer fließen, das andere in den Rhein und mit diesem in die Nordsee! Das heißt, obwohl der Input sehr nahe beieinander liegt, sind die Ergebnisse durch tausende Kilometer

beispiel

✔ Vielleicht haben Sie als Kind gelernt, wegzulaufen, wenn jemand Sie böse angeschaut hat. Ihr Autopilot kennt dieses Muster noch und greift bei Bedarf darauf zurück. Sie verspüren immer noch die Neigung wegzulaufen, obwohl die Umstände dagegen sprechen.

✔ Ein Beispiel, wie durch die Wasserscheidenlogik etwas gut gemeintes in der falschen Schublade landen kann: Ein Kollege fragt den anderen: „Bist du mit der Aufstellung nicht fertig geworden? Kann ich dir irgendwie helfen?" Der Angesprochene, unter erheblichem Stress stehend, fasst die Frage als Kritik an seiner Person auf, nach dem Motto: »Geht's nicht schneller?«

Entfernung voneinander getrennt. Genau so arbeitet der menschliche Geist: Feinste Unterschiede in dem, was wir aufnehmen, führen unter Umständen zu sehr unterschiedlichen Wahrnehmungen des Aufgenommenen. Unter Stress vereinfachen sich die Entscheidungsmuster in uns noch mehr. Man stellt sozusagen weniger Wasserscheiden bereit als in ausgeruhtem Zustand. Man kann auch sagen: Die Einzugsbereiche unserer Muster werden unter Stress größer. Die beschriebenen Zusammenhänge bieten – verständlicherweise – ein hohes Potenzial für Unverständnis und Konflikte.

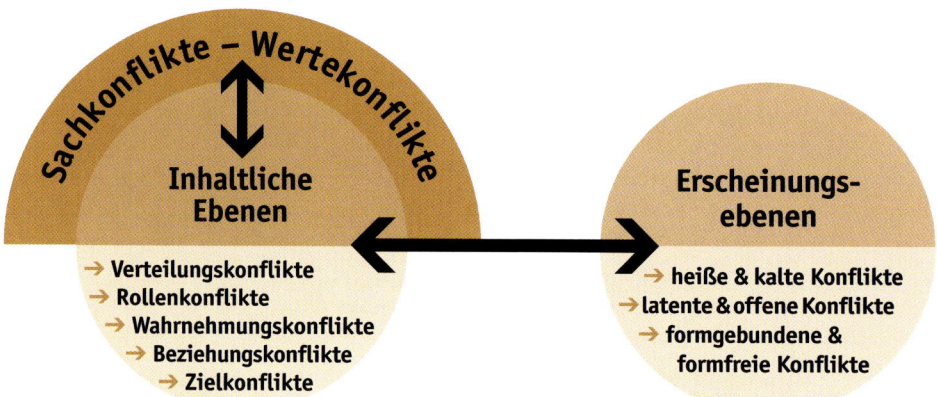

Konfliktarten

Es gibt unzählige Ansätze Konflikte zu kategorisieren. Diese systematischen Versuche sind allerdings nicht immer hilfreich, wenn es darum geht, Konflikte zu bearbeiten oder in ihnen zu bestehen. Dennoch kann es für das Gesamtverständnis sinnvoll sein, die drei Konfliktebenen zu kennen:

»**Übergeordnete Kateogrie**«
→ Sachkonflikte
→ Wertekonflikte

Inhaltliche Ebenen
→ Verteilungskonflikte
→ Rollenkonflikte
→ Beziehungskonflikte
→ Wahrnehmungskonflikte
→ Zielkonflikte

Erscheinungsebenen
→ »heiße« und »kalte« Konflikte
→ »latente« und »offene« Konflikte
→ »formgebundene« und »formfreie« Konflikte

Sach- und Wertekonflikte

Alle der nachfolgend beschriebenen Konfliktarten lassen sich entweder unter die Sach- oder Wertekonflikte einordnen.

Für Sachkonflikte gilt, dass sie ihre Ursache – zuerst einmal – in sachlichen Differenzen, also Auseinandersetzungen um Geld, Wertpapiere, Eigentum haben, während im Zentrum von Wertekonflikten unterschiedliche Weltanschauungen stehen. Dabei kann es sich, um nur einige Beispiele zu nennen, um politische oder religiöse Auffassungen oder Fragen der Kindererziehung etc. handeln. Wichtig ist es zu wissen, dass die Grenzen innerhalb eines Konflikts fließend sein können: Beispielsweise sind Verteilungskonflikte – jedenfalls anfangs – Sachkonflikte, die sich im Laufe eines Konflikts zu Wertekonflikten entwickeln können.

Konflikte auf inhaltlicher Ebene

Tatsächlich lassen sich alle menschlichen Konflikte einer der folgenden fünf inhaltlichen Ebenen zuordnen – das ist umso erstaunlicher, als die Bandbreite menschlicher Konflikte auf den ersten Blick extrem vielfältig scheint.

Verteilungskonflikte

Sie entstehen dann, wenn es um die Verteilung begrenzter Ressourcen geht. Bei dieser Konfliktart geht es scheinbar um das Finden gerechter Lösungen, während in der Realität Machtkämpfe ablaufen. Wenn diese Konflikte auf der Sachebene gelöst werden, sind sie noch lange nicht vorbei. In aller Regel ziehen sie Folgekonflikte nach sich. Obwohl wir in einer Welt des relativen Überflusses leben, sind Verteilungskonflikte sehr häufig. Einige Beispiele:

→ Ein Ehepaar lässt sich scheiden. Man kann sich nicht einigen, wer weiter in dem Haus wohnen darf, wer das Sorgerecht für die Kinder erhält, wer wem wie viel Unterhalt zahlt, wie die Vermögenswerte aufgeteilt werden. Es werden Rechtsanwälte beauftragt, schließlich wird vor Gericht ein Scheidungsvertrag, der sachlich mehr oder weniger gerechte Lösungen beinhaltet, geschlossen. Später geht der Streit unterschwellig weiter: Unterhaltszahlungen werden verschleppt oder gekürzt und Besuchsrechte werden unterlaufen. Im ungünstigsten Falle werden die Kinder für den Kampf gegen das jeweils andere Elternteil missbraucht.

→ Eine Abteilung eines Unternehmens zieht innerhalb des Firmengebäudes um. Je zwei Sachbearbeiter teilen sich ein Büro. Drei der sechs Büros sind klein, aus ihren Fenstern sieht man auf einen dunklen Hinterhof, in dem ein Schrottplatz betrieben wird. Aus den anderen drei Büros blickt man auf einen kleinen Park. Hier ist es ruhig, hell und friedlich. Zwei dieser Büros sind ebenso klein wie die mit Blick auf den Schrottplatz, das dritte ist jedoch wesentlich größer und repräsentativer. Die Arbeitsplätze werden nach Losentscheid zugeteilt. In der Folge entsteht bei den »Hinterhof-Sachbearbeitern« ein hierarchisches Gefühl von »Ihr da oben – wir hier unten«. In Besprechungen fallen immer öfter spitze Bemerkungen und die Hilfsbereitschaft innerhalb der Abteilung nimmt stark ab.

Rollenkonflikte

Rollenkonflikte haben in der Regel vier Hauptursachen:

1 Eine Person wird in ihrer Rolle nicht anerkannt.

2 Eine Person kann sich nicht mit ihrer Rolle abfinden.

3 Eine Person soll zwei sich widerstreitende Rollen gleichzeitig einnehmen.

4 Zwei Personen kämpfen um eine Rolle.

Hier einige Beispiele:

Zu 1: Ein Teamleiter in der Produktion steigt zum Abteilungsleiter auf. Er ist fachlich sehr kompetent, hat jedoch keine Führungserfahrung. Die Mitarbeiter sehen in ihm weiterhin den »Kumpel« und lassen sich von ihm nur ungern Anweisungen geben, die sie, sofern überhaupt, nur widerwillig befolgen. Die Produktivität der Abteilung sinkt.

Zu 3: Der Abteilungsleiter merkt, dass es so nicht weitergehen kann. Einerseits sehnt er sich danach, wieder »der alte Kumpel« für seine Mitarbeiter zu sein. Andererseits gefällt es ihm, Abteilungsleiter zu sein, und er kann das höhere Gehalt gut gebrauchen. Zudem hatte er sich eigentlich darauf gefreut, der Welt zeigen zu können, dass man auch mit leichter Hand und ohne Direktiven eine Abteilung erfolgreich führen kann.

Eher die Ausnahme: Zwei Menschen geraten in einem Beziehungskonflikt direkt aneinander.

Beziehungskonflikte

In Beziehungskonflikten stimmt oft die Chemie nicht – zwei Menschen können sich eben einfach nicht ausstehen. Es kann sein, dass (mindestens) einer von ihnen Angewohnheiten hat, die der andere abscheulich findet. Beispiele dafür sind Schmatzen, Schlürfen, laut sein, Ausdünstungen, ganz besonders aber das Begehen von Übergriffen verschiedenster Art. Im Beruf sind solche Konflikte nur schwer zu erkennen, da in der Regel der Beteiligte, der vom anderen als unangenehm empfunden wird, das nicht mitbekommt und der »Leidende« nichts sagt, weil es ihm unangenehm ist. Dieser wird, wenn er beispielsweise seinen Vor-

gesetzten um Versetzung in ein anderes Büro bittet, Argumente vorschieben, aber nur selten die wahren Gründe für seine Bitte nennen. Umgangssprachlich werden auch Konflikte in Paarbeziehungen als Beziehungskonflikte bezeichnet. Sie haben meistens nichts mit der hier beschriebenen Definition zu tun, sondern lassen sich in eine der anderen Kategorien einordnen. In der Betrachtung dieser Konflikte in Paarbeziehungen erleben wir deutlich die Grenzen der Sinnhaftigkeit alles Definierens: Sie können verschiedenste Auslöser haben, ihrem eigentlichen Wesen nach gehen sie sehr tief und sie beinhalten die Elemente Liebe und Verletzung in einem meist wesentlich höheren Maße als andere Konflikte.

Beispiel:

→ Zwei Personen teilen sich ein Büro. Die beiden könnten unterschiedlicher nicht sein: Er ist ein großer, lauter, wortgewaltiger Mann, der auch im Winter Hemden mit kurzen Ärmeln trägt und am offenen Fenster sitzt. Sie ist eine eher bedachte Person, still und wärmebedürftig. Sie trägt auch im Sommer eine Strickjacke. Er hat die Angewohnheit, häufig sehr laut zu telefonieren und dabei mit vollem Mund zu sprechen und zu schmatzen. Seine Kollegin bittet nun ihren Vorgesetzten um Versetzung in ein anderes Büro oder in eine andere Abteilung. Sie verschweigt ihren Ekel und begründet ihren Versetzungswunsch mit ihrem Kälteempfinden, das mit der Gewohnheit des Kollegen, am offenen Fenster zu sitzen, unvereinbar sei.

Wahrnehmungskonflikte

Wahrnehmungskonflikte liegen dann vor, wenn unterschiedliche Weltsichten unvereinbar aufeinander prallen und sich Menschen dadurch in ihrer Handlungsfähigkeit behindert sehen. Geschmacksunterschiede, differierende Vorstellungen über die angemessenste Form der Kindererziehung, politische Flügelkämpfe, religiöse Auseinandersetzungen und moralische Differenzen gehören in diesen Bereich. Es ist völlig selbstverständlich, dass jeder Mensch seine eigene Weltsicht hat, die sich im Laufe seines Lebens gebildet hat und die unter anderem von der Gruppe abhängt, mit der derjenige sich umgibt. Ebenso selbstverständlich ist für den Einzelnen, dass eigentlich alle Menschen so denken sollten wie er. Das aber hat zur Folge, dass diese Art von Konflikt von besonders ausdauernden und ausufernden Diskussionen geprägt ist, in denen versucht wird, der jeweiligen Gegenpartei die Augen zu öffnen.

Beispiele:

→ Als beliebtes Beispiel für Wahrnehmungskonflikte wird immer wieder der nicht endende Nahost-Konflikt benannt. Es geht aber auch näher.

→ Denken Sie nur an die unzähligen Diskussionen um die Gentechnik, in denen Gegner und Befürworter sich heiße Schlachten liefern, wobei sie nicht davor zurückschrecken, die Kompetenz und Integrität der jeweiligen Gegenseite in Frage zu stellen.

Zielkonflikte

Der Begriff Zielkonflikt wird für die Bezeichnung von zwei sehr unterschiedlichen Sachverhalten benutzt. Zum einen spricht man von einem Zielkonflikt, wenn mit einem Verhalten oder Vorhaben mehrere Ziele erreicht werden sollen, die sich jedoch gegenseitig ausschließen.

Zum anderen benutzt man den gleichen Begriff, wenn man ausdrücken möchte, dass zwei Parteien gegensätzliche Ziele verfolgen – womit streng genommen eigentlich ein Verteilungskonflikt gemeint ist.

Beispiele:

→ Jeder Projektleiter kennt den typischen Zielkonflikt, der im Projektmanagement als »magisches Dreieck« bekannt ist: Man will schnell liefern, gleichzeitig gute Qualität produzieren und dabei wenig Kosten verursachen. Diese drei Ziele schließen sich tendenziell gegenseitig aus, denn Billigproduktion geht meistens auf Kosten der Qualität. Hochwertige Produktion kostet mehr und braucht auch mehr Zeit. Schnelle Produktion macht das Produkt teurer und verhindert unter Umständen, dass höchste Qualität erreicht wird.

aktiv werden

Haben Sie sich beim Lesen der einzelnen Konfliktarten auch ständig gefragt, welcher Ihrer Konflikte sich wo einordnen lässt? Dann sind Sie auf dem richtigen Weg. Bleiben Sie am Ball und achten Sie in nächster Zeit verstärkt darauf, wie sich die Konflikte in Ihrem Umfeld voneinander unterscheiden, was ihre Merkmale sind und in welche Kategorie sie sich einordnen lassen. Nur wer jetzt trainiert, ist im Bedarfsfall gerüstet!

→ Ein anderer typischer Zielkonflikt besteht zum Beispiel dann, wenn zwei, die gemeinsam Urlaub machen möchten, sich nicht auf ein Reiseziel einigen können. Oder sie einigen sich zwar, verfolgen mit dem Urlaub aber unterschiedliche Ziele: Der eine will Stress abschütteln, entspannen und die Füße hoch legen, der andere möchte sich weiterbilden, Museen besuchen und Ausflüge unternehmen. Damit ist ein Konflikt vorprogrammiert.

Die Erscheinungsebenen

Konflikte äußern sich auf unterschiedliche Art und Weise, und zwar unabhängig von ihren Ursachen. Für Sie als im Konflikt beteiligte Person kann es sehr wichtig sein zu wissen, wie der Konflikt nach außen hin erscheint.

Heiße Konflikte sind für Dritte eher unangenehm, doch lassen sie erheblich einfacher Rückschlüsse auf das Stadium des Konflikts zu als kalte Konflikte.

Heiße/kalte Konflikte

In einem **heißen Konflikt** schlagen die Emotionen offensichtlich hoch, die Beteiligten sind sehr engagiert, äußerst emotional und durchaus auch wütend. Diese Erscheinungsform von Konflikten ist sehr leicht zu erkennen, da die Konfliktparteien ihre Auseinandersetzung sehr vehement austragen. Ein gutes Beispiel dafür sind Paare, die sich gegenseitig anschreien. Türen werden geknallt, es gibt Tränen, Zerknirschung, Anschuldigungen.

Die Form des **kalten Konflikts** hingegen ist gekennzeichnet durch äußere Beherrschung, durch Zynismus, durch Berechnung und Verachtung im Ausdruck. Sie ist für Unbeteiligte weitaus schwieriger zu erkennen als die heiße Variante. Dabei kann sie jedoch mindestens ebenso zerstörerisch wirken.

Nachbarn, die genervt voneinander sind, zeigen häufig dieses Verhalten: Man übersieht sich, soweit möglich, wenn es sich nicht vermeiden lässt, grüßt man sich knapp. Gern legt man auch kommentarlos kleine Stolpersteine in den Weg, indem man beispielsweise den eigenen Gästen sagt, sie könnten direkt gegenüber der Garagenausfahrt des Nachbarn parken.

Sehr zerstörerisch kann es werden, wenn eine Konfliktpartei sich in der heißen Konfliktphase befindet, die andere aber in der kalten. Dann ist der emotional Beteiligte des Konflikts schon auf hundertachtzig, während der Gegner noch ganz rational und beherrscht reagieren kann. In einem solchen Fall täuscht man sich als unbeteiligter Zuschauer sehr leicht über die tatsächlichen Konfliktverhältnisse. Es ist nämlich so, dass in unserer Kultur Schreien, Toben und mit Türen Schlagen nicht akzeptabel ist, während das Bild des rationalen, vernünftigen Menschen sozial angesehen ist. Dadurch setzt sich der emotionalere Konfliktpartner automatisch ins Unrecht. Nicht selten nutzt sein bedachtes Gegenüber das aus und bringt mit entsprechenden Formulierungen seinen emotionalen Gegner erst recht zur Weißglut: Aussprüche wie »Nun kommen Sie doch erst mal zur Ruhe!« oder »Wir sollten das Thema vertagen, bis Sie sich wieder im Griff haben!« können den anderen endgültig zur Raserei treiben. Wenn man genau hinhört, wird man oft finden, dass dieser moralisch einwandfreie Mensch jetzt der eigentliche Konflikttreiber ist. Doch warum reagieren Menschen emotional so unterschiedlich?

Zurück zu den Wurzeln

Um das zu verstehen, müssen wir wissen, dass das menschliche Gehirn in drei Bereiche aufgeteilt ist. Der Teil des Gehirns, mit dem wir denken, wird Großhirn genannt und ist entwicklungsgeschichtlich der jüngste Teil unseres Gehirns. Hier ist das Denken angesiedelt, im vorderen Bereich außerdem eine soziale Kontrollinstanz, die dafür sorgt, dass wir nicht aus der Rolle fallen. Im hinteren Teil des Kopfes, unter dem Großhirn, befindet sich das Zwischenhirn, das entwicklungsgeschichtlich älter ist und unsere Gefühle steuert. Darunter schließlich befindet sich das Stammhirn, das noch aus Reptilientagen stammt und unsere Reflexe steuert. Unter großem Stress oder in großer Aufregung schaltet sich das Großhirn aus und das Zwischenhirn ein, sodass wir jetzt nur noch gefühlsgesteuert sind. Außerdem ist die soziale Kontrollinstanz, die sich ja im

Großhirn befindet, mit diesem außer Betrieb gesetzt. Daher erlauben wir uns in diesem Zustand Ausfälle, die mit eingeschaltetem Großhirn niemals passieren würden. Es geht aber noch weiter. Nimmt der Stress weiter zu, sodass uns auch das Zwischenhirn nicht mehr hinreichend schützen kann, tritt das Stammhirn in Aktion – ab jetzt regiert der Reflex.

Latente/offene Konflikte

Latente Konflikte stehen häufig am Anfang der Konfliktentwicklung und/oder sind nicht offensichtlich (manchmal sogar den Beteiligten nicht), da bisher noch keine feindseligen Handlungen erkennbar sind.
Beispiel:
→ Die beiden, die gemeinsam in Urlaub fahren, aber unterschiedliche Ziele verfolgen, haben einen verborgenen Zielkonflikt. So lange sie mit ihren wechselseitigen Bedürfnissen so umgehen, dass keine feindseligen oder einschränkenden Handlungen vorkommen, tritt der Konflikt nicht zu Tage.
Offene Konflikte sind schon »mittendrin« – sie sind sichtbar ausgebrochen. Ein gutes Beispiel dafür ist der Nahostkonflikt.

Formgebundene/formfreie Konflikte

Formgebunden nennt man Konflikte, in denen die Beteiligten sich über die Mittel einig sind, mit denen der Konflikt ausgetragen wird, beispielsweise mittels einer Schiedsstelle oder eines Gerichts. Gute Beispiele hierfür sind Ehescheidungen oder die meisten Auseinandersetzungen des Wirtschaftslebens.
Formfrei ausgetragen wird ein Konflikt dann,

wenn die Wahl der Mittel offen ist. Als gute Beispiele für diese Erscheinungsebene lassen sich alle Arten von politischen Umwälzungen nennen – sie können nur formfrei stattfinden, da die Form, der man sich beugen würde, ja erst noch installiert werden soll.

Kann man Konflikte vermeiden?

Es gibt konfliktscheue, konfliktfähige und konfliktbesessene Menschen. Je nach »Konflikttyp« werden Sie unterschiedlich häufig an Konflikten beteiligt sein und diese Konfrontationen auch als unterschiedlich anstrengend empfinden. Trotz aller Sehnsüchte nach einer konfliktfreien Welt sind Konflikte oft unvermeidbar, denn sie gehören untrennbar zur menschlichen Existenz.

Manchmal bieten Konflikte aber auch große Entwicklungsmöglichkeiten: Beispielsweise empfinden Paare häufig, dass nach einem durchstandenen und gelösten Konflikt zwar nichts mehr wie vorher ist, dass aber auf einer bisher unbekannten Ebene ein neues Verständnis und eine neue, nach vorne gerichtete Energie vorhanden ist.

Dennoch kann und sollte man so viele Konflikte wie möglich vermeiden, weil bei den meisten Konfrontationen unnötig Porzellan zerschlagen wird. Um den Schaden so gering wie möglich zu halten, gilt ganz allgemein die Regel: Je früher man handelt, desto leichter kann ein Konflikt beendet werden. Am leichtesten ist es, einen Konflikt – wie ein Feuer – nicht an der Ausbreitung, sondern bereits an der Entstehung zu hindern.

Werkzeuge zur Vermeidung von Konflikten

Wer Konflikte erst gar nicht aufkommen lassen will, benötigt keinen großen Werkzeugkasten. Er ist auf jeden Fall um vieles kleiner als der, den man später für die Lösung von bereits entwickelten Konflikten braucht. Der Wille zur Wahrheit sowie der Wille, in der Gegenwart zu leben und die Umwelt wahrzunehmen, sind die Grundausstattung.

Konflikte zu vermeiden ist keine Zauberei – im Gegenteil, es ist so einfach, dass jeder es kann und dass man sich eigentlich wundern muss, dass es so viele unnötige Konflikte gibt. Hier ein Beispiel:

Stellen Sie sich vor, Sie treffen auf dem Weg zum Fotokopierer einen Kollegen, mit dem Sie ins Gespräch kommen. Sie kennen ihn nicht besonders gut, aber jetzt warten Sie gemeinsam darauf, dass der Fotokopierer frei wird. Im Laufe dieses Gesprächs macht er eine abfällige Bemerkung zu einer Präsentation, die Sie ver-

aktiv werden

Wer Konflikte vermeiden will, muss

… bemerken, was in ihm selber vor sich geht.

… Empfindungen seinem Gegenüber mitteilen.

… das Thema danach loslassen können.

fasst haben. Als Sie mit dem Kopieren fertig sind, verabschieden Sie sich und gehen zurück an Ihren Arbeitsplatz. Sie fühlen sich jetzt etwas angespannt, denken aber nicht weiter darüber nach, sondern verrichten weiter Ihre Arbeit. Nach Feierabend fahren Sie normal nach Hause und vergessen das kleine Gespräch. Was ist passiert oder besser, was ist nicht passiert? Sie haben das Geheimnis verpasst. Sie werden später merken, dass Sie gegenüber diesem Kollegen negative Gefühle abgespeichert haben, die auf seiner abschätzigen Bemerkung über Ihre Präsentation beruhen. Sie haben damit einem Vorfall erlaubt, sich festzusetzen und vielleicht irgendwann zur Keimzelle eines Konflikts zu werden. Doch wie hätten Sie es anders machen können?

Idealerweise hätten Sie Ihrem Gefühl von Anspannung mehr Beachtung geschenkt. Dann wäre Ihnen vielleicht aufgefallen, dass die Anspannung durch nicht wahrgenommenen Ärger über die abfällige Bemerkung des Kollegen entstanden war. Der nächste Schritt wäre gewesen, den Kollegen sofort anzurufen oder aufzusuchen, um ihm diese Empfindungen mitzuteilen. Nicht, um von ihm Rechtfertigungen oder Entschuldigungen zu hören, sondern nur, um gesagt zu haben, wie es Ihnen ging. Damit hätten Sie für sich die Möglichkeit geschaffen, diese Angelegenheit ein für alle Mal vergessen zu können.

Nebenbei hätten Sie den anderen dadurch eingeladen, über das zu sprechen, was in ihm selbst vorgegangen war. In der Praxis entsteht an genau dieser Stelle häufig eine spontane, sehr tiefe Kommunikation, die den Beteiligten neue Einsichten bringt.

Verspannungen oder ein steifer Hals können ein Indiz für verborgene Konflikte sein.

Bemerken

Bemerken, was in Ihnen vor sich geht, ist der erste Schritt, den Sie tun müssen, wenn in Zukunft Konflikte vermieden werden sollen. Für die meisten Menschen ist gerade dieser Schritt gewöhnungsbedürftig. Im oben angeführten Beispiel bemerkt die Ich-Person eine Enge und ein Ziehen zwischen den Schulterblättern sowie einen steifen Hals. Obwohl das Empfindungen auf rein körperlicher Ebene sind, hängen sie eng mit den Gefühlen der betreffenden Person zusammen. Doch die meisten Menschen sind nicht darin geübt, auf solche Körpersignale zu achten. Ihr Körper soll wie gewohnt funktionieren, weswegen sie auf sein Nicht-Funktionieren häufig nur mit Unwillen anstatt mit Aufmerksamkeit reagieren.

Dabei lohnt es sich, diese Signale zu beachten, denn sie geben genaue Hinweise auf das, was für uns im Moment wahr ist. Es ist tatsächlich so, dass alle Gefühle, also auch Angst, Wut oder Trauer, Entsprechungen auf der körperlichen Ebene haben. Was genau man fühlt, wenn man beispielsweise verärgert ist, mag von Person zu Person unterschiedlich sein und muss von jedem Menschen selbst herausgefunden werden. Und so finden Sie heraus, wie sich Ihre Gefühle auf der körperlichen Ebene äußern: Wenn Sie ein starkes Gefühl verspüren, horchen Sie einfach einen Augenblick lang in sich hinein und achten Sie darauf, wie sich Ihr Körper anfühlt. Notieren Sie sich, welche Symptome Sie bemerkt haben. Je öfter Sie dieses Verfahren anwenden, umso müheloser können Sie Empfindungen auf körperlicher Ebene konkreten Gefühlen und Situationen zuordnen.

Ansprechen

Dieser zweite Schritt erfordert anfangs etwas Mut. Es ist nicht sehr populär, andere Menschen direkt auf Dinge anzusprechen, die gerade geschehen sind, und diesen Menschen die eigenen Körperempfindungen mitzuteilen. Im obigen Beispiel wurden dem Kollegen keine Vorwürfe gemacht, sondern nur eigene Empfindungen beschrieben. Die Ich-Botschaften werden – und das ist enorm wichtig – so bald wie möglich ausgesendet. Dieses Verhalten sollten Sie unbedingt nachahmen: Lassen Sie nicht unnütz Zeit verstreichen, wenn Sie bemerkt haben, dass etwas nicht stimmt. Wer zu viel Zeit ins Land gehen lässt, gibt Gefühlen die Möglichkeit sich festzusetzen. Packen Sie die erste Gelegenheit beim Schopf und erzählen Sie der betreffenden Person, was in Ihnen vorgegangen ist. Seien Sie danach offen für das, was Ihr

Gegenüber Ihnen dazu zu sagen hat, aber erwarten Sie keine Erklärungen. Das wichtigste bei diesem Schritt des Ansprechens ist das Ansprechen selbst, nicht die Erklärungen. Sie schaffen damit die wichtigste Basis für den dritten Schritt, den Schritt des Loslassens.

Loslassen

Loszulassen ist ein ganz wesentlicher Bestandteil der Konfliktvermeidung. Sie haben bemerkt, was in Ihnen vorgegangen ist. Sie haben es der Person, die es anging, mitgeteilt. Jetzt gibt es keinen Grund mehr, die Angelegenheit und Ihre negativen Gefühle dazu weiter mit sich herumzuschleppen. Lassen Sie sie los. Konzentrieren Sie sich auf das, was vor Ihnen liegt, und bleiben Sie nicht an alten Dingen hängen. Falls Ihnen das Loslassen schwer fällt, arbeiten Sie am besten das Kapitel »Lassen Sie Ihren Ärger los« (siehe Seite 71) durch.

Das Geheimnis um das frühzeitige Vermeiden von Konflikten ist hiermit gelüftet. Jetzt liegt es an Ihnen, es zu nutzen und anzuwenden. Probieren Sie es aus, üben Sie es. Sie werden nach einiger Zeit feststellen, dass Sie seltener in Konflikte verwickelt sind als vorher, auch wenn Ihnen dies dann unerklärlich vorkommen mag.

Wozu kann ein Konflikt gut sein?

Sie wissen nun bereits eine Menge darüber, wie Konflikte entstehen und wie Sie Konflikte vermeiden können. Bleibt nun noch die Frage zu klären, wozu Konflikte letztlich gut sind. Insgesamt lassen sich folgende zwölf Gründe, aus Konflikten zu lernen, finden.

12 gründe, warum es sich lohnt, konflikte einzugehen

1 Konflikte machen problembewusst: Die Beteiligten erfahren, wo die Brennpunkte liegen und wie sie diese entschärfen können.

2 Konflikte stärken den Willen zur Veränderung: Sie signalisieren, dass alte Gewohnheiten aufgegeben, andere Einstellungen angeeignet, neue Fähigkeiten erworben werden müssen.

3 Konflikte erzeugen den notwendigen Druck, Probleme aktiv anzugehen: Das gibt die Kraft und Entschiedenheit, brisante Themen anzupacken.

4 Konflikte vertiefen zwischenmenschliche Beziehungen: Die Parteien lernen sich besser verstehen, wissen, was ihnen wechselseitig wichtig ist, kennen ihre verletzliche Seite, finden heraus, auch unter Druck konstruktiv zusammenzuarbeiten.

5 Konflikte festigen den Zusammenhalt: Die in der täglichen Zusammenarbeit unvermeidlichen Reibereien werden entdramatisiert und versachlicht.

6 Konflikte machen das Leben interessanter: Sie durchbrechen die Routine des Alltags, beleben Beziehungen, machen Gespräche spannend.

7 Konflikte geben den Anstoß, Fähigkeiten und Kenntnisse zu vertiefen: Die zunächst schwer verständlichen Ansichten der anderen Seite machen neugierig, der Sache oder dem Thema auf den Grund zu gehen.

8 Konflikte fördern Kreativität: Die Beteiligten erfahren, dass ein Problem oder eine Situation ganz verschieden gesehen und bewertet werden kann – das vertieft das Problemverständnis und erhöht die Chance, eine neue, kreative Lösung zu finden.

9 Im Konflikt lernen wir uns und andere besser kennen: Wir erfahren, was uns ärgert, verletzt, was uns wichtig ist und wie wir reagieren, wenn andere mit uns konkurrieren oder uns behindern.

10 Konflikte führen zu besseren Entscheidungen: Meinungsverschiedenheiten und Kontroversen zwingen dazu, eine Entscheidung sorgfältig zu durchdenken, widersprüchliche Alternativen durchzuspielen und sich erst dann für eine Lösung zu entscheiden.

11 Konflikte fördern die Persönlichkeitsentwicklung: Die Parteien müssen ihre egozentrische Sichtweise überwinden und sich in die andere Seite hineinversetzen, was ein höheres Maß an gemeinsamer Bewusstheit und moralischer Verantwortung stiftet.

12 Konflikte können Spaß machen – wenn sie nicht überdramatisiert und zu ernst genommen werden: Viele Menschen betreiben riskante Sportarten oder sehen sich nervenkitzelnde Filme an, weil sie Spannung und Aufregung erleben und genießen wollen. Letztlich bietet jeder Konflikt ebenfalls diese Herausforderung.

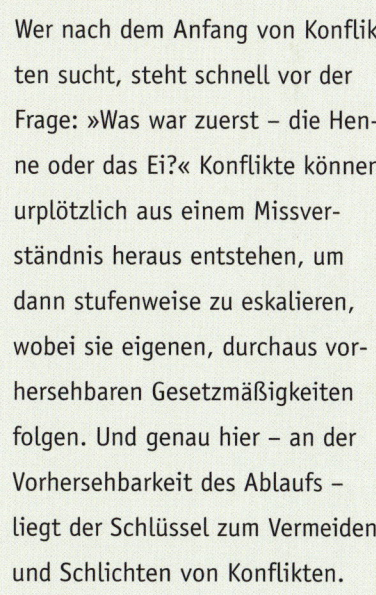

So verlaufen Konflikte

Wer nach dem Anfang von Konflikten sucht, steht schnell vor der Frage: »Was war zuerst – die Henne oder das Ei?« Konflikte können urplötzlich aus einem Missverständnis heraus entstehen, um dann stufenweise zu eskalieren, wobei sie eigenen, durchaus vorhersehbaren Gesetzmäßigkeiten folgen. Und genau hier – an der Vorhersehbarkeit des Ablaufs – liegt der Schlüssel zum Vermeiden und Schlichten von Konflikten.

→ interview

» Ich habe mich oft gewundert, warum meine Gesprächspartner immer wieder mal mitten im Gespräch explo-
dierten. Ich hatte doch wirklich nichts Böses gesagt.
Mit Hilfe des Modells der Transaktionsanalyse habe
ich gelernt, Reaktionen besser steuern und verstehen
zu können — meine und die der anderen. «

DIE KOMMUNIKATION DER PERSÖNLICHKEITEN

Wer einen Menschen intensiv beobachtet, kann feststellen, dass sich ein und derselbe Mensch in verschiedenen Umgebungen völlig unterschiedlich verhält, gerade so, als ob mehrere Menschen in ihm stecken würden. Ein Beispiel: Eine Person kann im Beruf als durchsetzungsstarke, ihre Umgebung beherrschende Führungskraft auftreten und sich Stunden später im Umgang mit seinen Kindern als zugänglicher, liebevoller Vater präsentieren. Wenig später zieht derselbe Mensch als Saufkumpan mit seinen Freunden durch die Kneipen und zeigt sich des Nachts als selbstvergessenes »Kind« im Liebesspiel mit seiner Liebsten. Unsere Beispielperson zeigt, stellvertretend für uns alle, die »Menschen im Menschen« und deren typische Verhaltensweisen nach Bedarf.

Manchmal allerdings drängelt sich ein Teil der Persönlichkeit in den Vordergrund, der für eine gelungene Kommunikation nicht gerade hilfreich ist. Dies kann die Umgebung irritieren und Konfliktpotenzial freisetzen.

Das Kommunikationsmodell

Was nun die Entstehung von Konflikten betrifft, ist vor allem das Kommunikationsmodell der so genannten Transaktionsanalyse interessant. Es geht davon aus, dass in jedem Menschen die drei folgenden Persönlichkeitsteile zusammenwirken, die jeweils wechselnd aktiv sind. Bei diesen drei Persönlichkeitsteilen handelt es sich um

1. Das Kind, kurz »K«
2. Das Elternteil, kurz »P« (von *parent* (engl.) – Elternteil)
3. Der Erwachsene, kurz »E«.

Jeder dieser Teile hat eine eigene Entwicklungsgeschichte und äußert sich in bestimmten Verhaltensweisen und Kommunikationsformen. Sie zeichnen sich durch bestimmte Merkmale aus, werden durch bestimmte Auslöser hervorgerufen, reagieren innerhalb der ihnen eigenen Möglichkeiten und versuchen, mehr oder weniger bewusst, durch Aktionen bestimmte Gegenreaktionen auszulösen.

K(ind)

Der Persönlichkeitsteil K (Kind) ist unsere älteste und vertrauteste Rolle. Hier sind alle kindlichen – nicht kindischen! – Gefühle, unsere Spontaneität, unsere natürliche Freude und Neugier, die Kreativität, das Staunen und Spielen wollen, aber auch Neid und Missgunst sowie unsere tiefsten Ängste angesiedelt. Vor allem aber wohnt im K unser Selbstwertgefühl. Es ist das K in uns, das sich gut fühlt oder nicht, das ständig anhand von Rückmeldungen aus der Umwelt sein Selbstwertgefühl einschätzt und bewertet. Und es ist auch das K, das auf

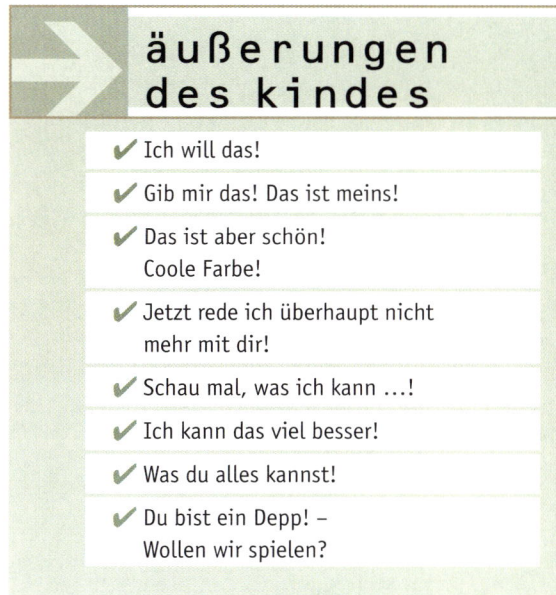

äußerungen des kindes

- ✔ Ich will das!
- ✔ Gib mir das! Das ist meins!
- ✔ Das ist aber schön! Coole Farbe!
- ✔ Jetzt rede ich überhaupt nicht mehr mit dir!
- ✔ Schau mal, was ich kann …!
- ✔ Ich kann das viel besser!
- ✔ Was du alles kannst!
- ✔ Du bist ein Depp! – Wollen wir spielen?

jede Verletzung des Selbstwerts empfindlich mit Abwehr, Rückzug oder Angriff reagiert.

Streicheleinheiten für den Selbstwert

Kein Wunder, denn das wichtigste Anliegen eines Menschen ist es, sein Selbstwertgefühl zu erhalten und zu schützen. Dafür braucht es Streicheleinheiten – körperliche wie seelische –, die es zuerst von den Eltern, später eventuell von weiteren erwachsenen Bezugspersonen bekommt. Im Heranwachsen werden ihm nun aber nicht nur Streicheleinheiten, sondern ein ganzes Set von Spielregeln zuteil. Es lernt dabei sehr wohl zu unterscheiden zwischen den kritischen Eltern und den liebevollen Eltern, nimmt aber beides als Vorbild.

P(arent) – Elternteil

Die Persönlichkeit des erwachsenen Kindes spiegelt die in der Kindheit erlernten Einstellungen, Spielregeln, (Vor-)Urteile und Verhaltensweisen der Eltern und anderer Bezugspersonen wider. Durch Verinnerlichung des Gelernten wurde die Persönlichkeit des jetzt Erwachsenen geprägt. Die Prägung geht so weit, dass er die Verhaltensweisen und Einstellungen der Eltern jetzt unreflektiert wiederholt und den Mustern entsprechend handelt und kommuniziert. Dass diese Anteile in uns allen herumspuken, merken wir daran, dass uns in bestimmten Situationen unzählige Verhaltensanweisungen und moralische Sätze aus unserer Kindheit in den Sinn kommen:

Das P in uns hat sowohl liebevolle als auch kritische Seiten, Gebote und Verbote, die so genannte Moral, das so genannte Gewissen, aber auch Vorurteile und alle starren, inneren Einstellungen und geistigen Haltungen. Im P steckt aber auch die elterliche Liebe und die fürsorgliche, sich Sorgen machende Liebe für einen Mitmenschen sowie das Pflegen- und Helfenwollen. Und zu guter Letzt auch noch das Belehrenwollen.

In Konflikten können sowohl das liebevolle P als auch das kritische P zum Problem werden. Denn Vorurteile, Belehrenwollen, gut gemeinte, aber ungefragte Ratschläge, Kritik, Fürsorge und vorschnelle Hilfsbereitschaft verhindern eine klare und verantwortungsbereite Kommunikation mehr als sie diese fördern.

E(rwachsener)

Einen reiferen Beitrag in Konflikten leistet oft der Persönlichkeitsteil E. Dieser jüngste, den

moralische äußerungen

- ✔ Reiß dich zusammen!
- ✔ Erst die Arbeit, dann das Vergnügen.
- ✔ Ein Indianer kennt keinen Schmerz!
- ✔ Spinnen sind eklig!
- ✔ Das macht man nicht!
- ✔ Kinder reden nicht am Tisch!
- ✔ Das gehört sich nicht!
- ✔ Mach das doch soundso!
- ✔ Komm endlich zur Vernunft!

Fürsorgliche Äußerungen unserer Kindheit:

- ✔ Soll Mama dir helfen?
- ✔ Das hast du aber fein gemacht!
- ✔ Ist doch nicht so schlimm! Komm, ich puste!
- ✔ Papa macht das für dich!

Homo sapiens ausmachende Teil einer Persönlichkeit löst sich sowohl aus der kindlichen Ich-Bezogenheit als auch aus der Programmierung seiner Umwelt.

Er beobachtet, sammelt und interpretiert Fakten, analysiert diese, versucht Zusammenhänge zu verstehen und bildet sich dann eine eigene

Meinung beziehungsweise trifft ausgewogene Entscheidungen. Während das K am liebsten immer neugierig weiterspielen würde und das P uns in übernommenen Verhaltensweisen festhalten will, interessiert sich das E für Entwicklung und Wachstum. Das E orientiert sich dabei absolut an der Realität und baut sein Tun und seine Kommunikation ausschließlich auf das Fundament von Fakten.

Wie beeinflussen K, P und E die Entstehung von Konflikten?

Tatsächlich haben die eben beschriebenen Persönlichkeitsteile einen großen Einfluss auf die Entstehung von Konflikten. Doch ist es möglich, K(ind), P(arent) und E(rwachsen) bei der zwischenmenschlichen Kommunikation gezielt einzusetzen, sodass Konflikte erst gar nicht aufkommen.

→ Trifft eine Botschaft auf den falschen Empfänger, entsteht ein Missverständnis. Wird dies nicht gleich bemerkt und aufgeklärt, fängt ein Konflikt an zu keimen.

→ In unserer Persönlichkeit existieren verschiedenste »Hörfilter« und »Botschaften-Verknoter«, insbesondere im K und P, was zur Folge hat, dass es zu Missverständnissen kommt. Wird das Missverständnis nicht gleich bemerkt und aufgeklärt, keimt ein Konflikt.

→ Je besser wir das P, E und K in unserer eigenen Persönlichkeit kennen, umso leichter können wir die Gefühle und entsprechenden (Über-)Reaktionen in einem Konflikt verstehen – und unsere eigenen steuern.

→ Klare Kommunikation (siehe Seite 56ff.) ist ein MUSS im Konfliktumfeld. Das schließt nicht aus, auf die Bedürfnisse des P, E und K in

→ redewendungen erwachsener

- ✔ Was ist das?
- ✔ Wie funktioniert das?
- ✔ Wozu braucht man das?
- ✔ Wie viel kostet das?
- ✔ Was sagt der X-Fachmann dazu?
- ✔ Das passt hier hinein.
- ✔ Die Spannung ist zu hoch, wir müssen noch zwei Grad zugeben.
- ✔ Die Ergebnisse zeigen ...
- ✔ Nach unseren neuesten Berechnungen ...
- ✔ Alle ... sind immer so (als Schlussfolgerung)

unserem Gegenüber einzugehen und mit diesen im Sinne von win-win-Lösungen verantwortungsbewusst umzugehen.

→ Stoßen wir auf Abwehr oder Feindseligkeit, so ist mit großer Wahrscheinlichkeit das Selbstwertgefühl unseres Gegenübers verletzt. Bevor das Grundbedürfnis »Selbstwertgefühl schützen und halten« im K nicht (wieder) befriedigt ist, sind keine Energien für die Lösung anspruchsvollerer Aufgaben – wie zum Beispiel die Beilegung ganzer Konflikte – durch das E frei.

→ Und als Letztes: Wahr ist für unser Gegenüber nicht das, was wir sagen, sondern immer nur das, was es hört.

interview

Ich finde, es lohnt sich, mehr über Konflikte und ihre Hintergründe zu wissen.
Wenn mir heute ein Konflikt begegnet, bin
ich froh, verstehen zu können, auf welcher
Entwicklungsstufe sich die Auseinandersetzung befindet. Dabei ist es egal, ob ich
selbst beteiligt bin oder nicht. Jetzt sehe
ich leichter, wie ernst es tatsächlich ist.
Verrückterweise weiß ich dann auch, wie
es wohl weitergehen wird.

DIE ESKALATIONSTREPPE

Konflikte entwickeln sich in so genannten Entwicklungsstufen, die auch Eskalationsstufen genannt werden. Die Skala reicht hierbei von Stufe eins (unterschiedliche Ansichten) über emotionale Verletzungen bis hin zu Stufe neun (totale Destruktion des Konfliktgegners). Da der Fortgang eines Konflikts meistens nach festen Regeln erfolgt, kann man im wahrsten Sinne des Wortes zusehen, wie eins zum anderen kommt. Die Regeln zum Erklimmen dieser neun Stufen, also deren Realisation in Worten und Taten, sind ungeschrieben, können in unterschiedlichsten Konflikten aber immer wieder gleich beobachtet werden. Anscheinend besteht ein geheimes und unbewusstes Verständnis zwischen sich streitenden Parteien über diese ungeschriebenen Regeln und ihre Bedeutung für die Entwicklung des Konflikts auf jeder Eskalationsstufe.

Die Regeln und ihre Einhaltung beziehungsweise Überschreitung auf einer Eskalationsstufe werden jeweils durch bestimmte Symptome und Merkmale begleitet. Wer einen Konfliktverlauf verstehen und die einzelnen

Eskalationsstufen erkennen will, muss wissen, dass die Symptome einer Eskalationsstufe typischerweise immer bei beiden Parteien gleichzeitig auftreten, sodass Schlussfolgerungen auf die aktuelle Situation möglich sind.

Schwellenängste

Die einzelnen Eskalationsstufen sind durch deutliche Schwellen voneinander getrennt. Normalerweise gibt es zwischen den Konfliktparteien stillschweigende und nicht näher definierte Übereinkünfte darüber, auf welcher Stufe man sich befindet, also auch darüber, mit welchen »Waffen« und nach welchen Regeln derzeit gekämpft werden darf und mit welchen nicht.

Beide Parteien versuchen, so lange wie möglich innerhalb der Grenzen der aktuellen Stufe zu agieren, um sich – unter anderem – nicht der Treiberschaft des Konflikts schuldig zu machen. Kleinere Überschreitungen der Stufengrenzen werden so schnell wie möglich wieder aus der Welt geschafft, indem sie als »nicht beabsichtigter Unfall und Werk eines Einzelnen« verharmlost und damit zurückgenommen werden.

Wenn in der Hitze des Gefechts jedoch eine Partei zu Mitteln greift, die qualitativ auf einer neuen Stufe stehen und an die man sich bisher noch herangetraut hat, dann löst das bei der Gegenpartei große Erbitterung aus. Nach dem Motto: »Wenn das so ist, dann …« wird ebenfalls nach der neuen, jetzt bereits eingeführten Waffe gegriffen. Meistens wird diese sogar ein bisschen heftiger und drastischer eingesetzt, als die Gegenseite es getan hat.

Vom Gewinner zum Verlierer

Mit jeder Überschreitung einer Schwelle werden bei den Beteiligten ursprünglichere und irrationalere Verhaltensmuster aktiviert bis hin zum reinen Vernichtungs- oder gar Tötungswillen auf der neunten Stufe. Entsprechend ist das angestrebte Ergebnis auf jeder Stufe anders

beispiel

Zwei Mitarbeiter einer Firma, Herr Müller und Herr Schmidt, haben einen Konflikt miteinander. Über diesen Konflikt haben beide bisher nicht mit Außenstehenden gesprochen. Eines Morgens wird Herr Müller von einem Kollegen mit den Worten begrüßt: »Na, das ist ja ein ganz schönes Ding, das Sie da mit dem Schmidt am Laufen haben!«
Herr Müller ist entsetzt, er hatte es für selbstverständlich gehalten, dass Herr Schmidt – ebenso wie er selbst – sich an die unausgesprochene Regel halten würde, keine Außenstehenden einzuweihen. Nach dem Motto: »Ja, wenn das so ist …« sucht er sich nun seinerseits Verbündete und aus Rache für den Vorstoß von Herrn Schmidt erzählt er nun auch seinem Vorgesetzten von dem Konflikt und davon, wie unmöglich sich Herr Müller verhält.

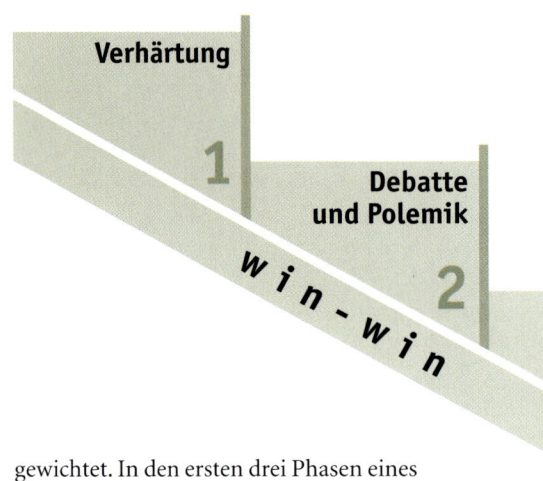

Verhärtung

1

Debatte und Polemik

2

win-win

Taten statt Worte

3

Bilder und Koalitionen

4

win...

gewichtet. In den ersten drei Phasen eines Konflikts dominiert der Wille, eine win-win-Lösung zu finden, also beispielsweise einen Kompromiss, aus dem beide Seiten mit Gewinn hervorgehen. Die zweite Phase (Stufe vier bis sechs) ist allenfalls durch win-lose-Lösungen bestimmt – hier gewinnt nur noch einer, der andere verliert. Aus den Endphasen eines Konflikts (Stufe sieben bis neun) kann keine Partei als reiner Gewinner hervorgehen. Möglich sind nur noch lose-lose Lösungen, also Ausgänge, bei denen beide Parteien vieles, manchmal sogar alles verlieren und dabei ihre Existenz oder gar ihr Leben riskieren.

Die Treppe

Die Schwellen zwischen den Stufen und Phasen sind wie Dämme bei Hochwasser: Sie bewahren erst einmal vor Schaden. Wenn der Druck jedoch zu groß wird, brechen sie und plötzlich fließt mit Macht, was vorher zurückgehalten wurde. Der Weg zurück ist versperrt, das Wasser kann nicht wieder hinter den Damm gebracht werden. Ganz besonders abschreckende

Beispiele dieses Phänomens liefert die Kriegsberichterstattung. Nur wer die ungeschriebenen Regeln der Konfliktentwicklung kennt, kann verstehen, wie Vertreter so genannter zivilisierter Nationen im Krieg zu den grausamsten Aktionen fähig sein können.

Um den Abstieg in immer niedere und instinktivere Verhaltensweisen mit jeder weiteren Eskalationsstufe, die betreten wird, zu demonstrieren, wird die Eskalationstreppe – entgegen der eigentlichen Bedeutung von eskalieren = aufsteigen – bewusst absteigend gezeigt. Eine Stufe verlassen können die involvierten Konfliktparteien dabei nur, indem sie aus dem Konflikt insgesamt aussteigen, das heißt, ihn mit friedlichen Mitteln lösen, oder indem sie den Schritt wagen, die nächste Eskalationsstufe zu betreten und mit den dort erlaubten »härteren Waffen« weiterzukämpfen.

Im Geschwindigkeitsrausch

Ein weiterer und wichtiger Aspekt der Konfliktentwicklung ist die Geschwindigkeit. Die Geschwindigkeit der Konfliktentwicklungen, also das Aufeinanderfolgen von Aktion und Gegenaktion und der Druck zu reagieren, nimmt von Stufe zu Stufe zu. Die Konfliktspirale gewinnt auf jeder Stufe innerlich und äußerlich an Dynamik, wobei es sich fatalerweise um eine Eigendynamik handelt.

Wie im Schneeballsystem wächst der eigentliche Konflikt mit jeder Stufenüberschreitung um weitere Aspekte an. Er wird mächtiger und wie eine wachsende, den Berg hinabrollende Kugel immer schneller,

Oder anders ausgedrückt: Um einen Konflikt in fortgeschrittener Phase zu stoppen, bedarf es vergleichsweise überproportional hoher Anstrengungen aller Beteiligten – das gilt auch für die externen Berater und Moderatoren, die zur Hilfe gerufen werden.

Von Stufe zu Stufe ...

Was in Stufe 1 harmlos beginnt, kann am Ende der Eskalationstreppe, also in Stufe 9, fürchterlich enden. Im Folgenden werden die wichtigsten Symptome, Regeln und Zusammenhänge der einzelnen Eskalationsstufen beschrieben. Um die Stufen verständlicher und lebendiger beschreiben zu können, zieht sich ein Beispielkonflikt mit seinen typischen Auslösern und Auswirkungen durch die Beschreibung der gesamten Eskalationsstufen.

Ge-
chts-
erlust
5
lose

**Droh-
strategien**
6

**Begrenzte
Vernichtungs-
schläge**
7

Zersplitterung
8

**Gemeinsam in
den Abgrund**
9

lose-lose

immer schwerer zu bremsen und damit immer zerstörerischer. Dabei ist der ursprüngliche Konfliktauslöser bald kaum noch oder gar nicht mehr zu erkennen. Wer den Ursprung unter den »Konflikten über den Konflikt« freilegen will, braucht einen klaren Kopf, einen analytischen, unbeteiligten Verstand und einige Geduld.

Eskalationsstufe 1: Verhärtung

In dieser ersten Stufe wird aus einer Differenz ein Konflikt: Die Unvoreingenommenheit, mit der man bis dahin gegensätzliche Positionen zur Kenntnis genommen und erörtert hat, schwindet dahin. Das Mittel der Wahl zur Auseinandersetzung ist das Gespräch, die Diskussion. Die Leichtigkeit der Diskussion weicht nun allerdings einer angestrengten Atmosphäre. Man bemerkt die leichten vorhandenen Spannungen, die immer häufiger zu Verkrampfungen führen. Die Kontrahenten zeigen zum ersten Mal ein konkurrentes Verhalten und nehmen die Äußerungen der Gegenseite wie durch Filter wahr. Die Aktionen bewegen sich zwischen Kooperation und Konkurrenz, vornehmlich sind aber beide Parteien daran interessiert zu kooperieren. Man bemüht sich, aufkommende Vorbehalte im Zaum zu halten und auf der Sachebene gemeinsam zu Ergebnissen zu kommen, auch wenn es immer wieder zu verbalen Ausrutschern kommt. Die Standpunkte verhärten sich zuweilen, aber noch werden keine Lager oder Parteien gebildet. Es geht um Ansichten Einzelner, die sich flexibel im Konfliktraum bewegen. Das Ziel ist auf jeden Fall eine win-win-Lösung.

Eskalationsstufe 2: Debatte und Polemik

Bereits mit dem Übergang zu dieser Stufe verlässt die Auseinandersetzung die Sachebene. Jetzt geht es mindestens genauso sehr darum, Recht zu haben, den eigenen Standpunkt in

beispiel

Das Trainerteam eines privaten Rhetorik-Trainingsinstituts trifft sich mit der Schulungsleiterin alle vierzehn Tage zu einer Institutskonferenz. Da die Buchung von Rhetorikkursen stark nachgelassen hat, werden Fragen des Trainingsrepertoires des Instituts diskutiert. Eine Gruppe von Trainern, die erst einige Jahre für das Institut arbeitet, plädiert dafür, zukünftig auch Kurse im Bereich Persönlichkeitsentwicklung anzubieten, was eine Gruppe langjähriger Mitarbeiter ablehnt. Die Diskussion wird engagiert, wenn auch unstrukturiert geführt. Es werden immer wieder Argumente gesammelt und wiederholt, ohne dass eine Gruppe die andere überzeugen kann. Der Tonfall wird hier und da schärfer, was durch sofortiges Einlenken und korrigierte Ausführungen wieder zurückgenommen wird. Da die vielfachen Gespräche nach wie vor zu keinem Ergebnis geführt haben, beschließen die Konferenzteilnehmer, eigens zu diesem Thema einen Wochenendworkshop zu organisieren.

ein gutes Licht zu rücken und das Prestige zu sichern. Die Auseinandersetzung rutscht von der Sachebene zusehends auf eine persönliche Ebene. Es bilden sich wie aus dem Nichts erkennbare Gruppierungen um die ursprünglichen Kontrahenten. Die inhaltlichen Positionen rücken ins Extreme und verfestigen sich dort. Zusammenhänge werden nach Bedarf auch einmal »hinkonstruiert« und Argumente werden vorrangig mit dem Ziel benutzt, die Gegenpartei emotional zu verunsichern. Die Auseinandersetzung verläuft intellektuell und mechanisch auf der Gesprächsebene: Auf ein Argument folgt ein Gegenargument und so weiter und so fort.

Wunsch ≠ Verhalten

Die Streitenden gehen dabei kaum noch wirklich auf die Argumente des anderen ein. Scheinlogik, Verlagerung der Diskussion auf Nebenschauplätze, auf denen man sich überlegen fühlt, und die unlogische Konstruktion kausaler Verknüpfungen beherrschen das Bild. Der Wille, miteinander zu einer akzeptablen Lösung zu kommen, ist nach wie vor groß, nur signalisiert das Verhalten genau das Gegenteil. Es wird beispielsweise abgegrenzt und polarisiert, man konzentriert sich beim Zuhören darauf, Fehler und Schwächen in den Aussagen der Gegenseite zu finden. Der Ton ist oberflächlich höflich mit – bei genauem Hinhören – deutlich bemerkbaren, aggressiven Untertönen. Die Beteiligten schwanken also ernsthaft zwischen Kooperation und Konkurrenz. Es werden immer wieder widersprüchliche Botschaften gesendet, wodurch noch mehr Verwirrung entsteht.

beispiel fortsetzung

In den Fachgruppen und Trainerbesprechungen werden vor dem Wochenendworkshop heiße Debatten zu den Themen Rhetorik-Schulungen, Herausforderungen des Trainingsmarktes, Persönlichkeitsentwicklung und Profil des Instituts geführt. Die »Persönlichkeitsentwickler« verbreiten im Institut ein Statement, worin sie ihre Wünsche erweitern und mit Argumenten unterlegen. Nun verfassen auch die Kontrahenten eine Schrift mit dem Titel »Bewährte Rhetorik«, die – unter Berufung auf zuverlässige Wirksamkeitsstudien – die Argumente der »Persönlichkeitsentwickler« entkräften soll. Darauf folgt eine neuere, schärfere Kampfschrift der »Persönlichkeitsentwickler«, in der sie ein »marktfähiges Institut für die Führungskraft der Zukunft« anstelle eines »Instituts für die ewig Gestrigen« fordern. Der Wochenendworkshop wird durch äußerst gefühlsbetonte Auseinandersetzungen bestimmt, ohne dass sich eine Einigung abzeichnet. Im Gegenteil, es werden weitere Themen bestimmt, die intensiver diskutiert werden sollen, zum Beispiel passende Trainingsmodelle, Verwendung der Kursskripte, private Verbindungen zu den Trainingsteilnehmern, die finanzielle Situation des Instituts, die Gehälter der Trainer usw.

Stimme – Gesicht – Hände – Körper: In dieser
Reihenfolge wird die Glaubwürdigkeit des
Gegners geprüft.

Eskalationsstufe 3: Taten statt Worte

Niemand glaubt mehr daran, die Probleme mit
Worten lösen zu können. Alles Reden hat nichts
geholfen, im Gegenteil, man ist nur immer tiefer »in den Sumpf« geraten. Jetzt muss gehandelt werden, auch wenn die Gegenpartei dies
nicht einsieht. Jede Seite tut das, was sie für
richtig hält und stellt die Gegenseite vor vollen-
dete Tatsachen. Die Parteien beobachten sich
argwöhnisch. Offensichtliche Diskrepanzen
zwischen Worten und Taten beziehungsweise
zwischen Worten und Körpersignalen, die dem
Gesagten völlig widersprechen, tun sich auf.

Der Körper spricht

Wo dem gesprochenen Wort nicht mehr ge-
traut wird, dem Gegenüber feindliche Absich-
ten unterstellt werden, achtet man – mehr oder
weniger bewusst – besonders genau auf die
Körpersignale des Kontrahenten. Nacheinan-
der werden die subtilen Botschaften des Kör-
pers geprüft: zunächst die Stimme. Wenn diese
bei genauem Hinhören nicht vertrauenswürdig
scheint, wird der Gesichtsausdruck unter die
Lupe genommen. Lässt auch der Gesichtsausdruck an der Wahrhaftigkeit der Aussage zwei-
feln, wird dem Ausdruck der Hände mehr ge-
glaubt. Lösen deren Haltung und Bewegungen
den Widerspruch nicht auf, wird die Körper-
haltung des Gegenübers insgesamt überprüft.
Und wenn auch diese nicht verlässlich scheint,
wird auf die Beine und Füße geachtet. All diese
Überprüfungen laufen in Sekundenschnelle
ab, der Abgleich aller Botschaften und Signale
verläuft quasi automatisch. Natürlich bietet
das eine Fülle von Möglichkeiten »sich zu ver-
raten«! Diskrepanzen von inhaltlicher Aussage und körperlichem Ausdruck werden auf
dieser dritten Stufe ganz besonders deutlich
wahrgenommen.

Schuld ist der andere!

Zunehmende Polarisierung ist die Folge: In
den Konfliktparteien entsteht und wächst das
Misstrauen, wodurch weitere Missverständnisse vorprogrammiert sind. Man erwartet von
der Gegenseite genau das, wozu man selbst
nicht bereit oder in der Lage ist. Nachgeben
kommt, da es als Schwäche interpretiert werden könnte, auf keinen Fall in Frage. Überhaupt betrachtet man die Kontrahenten als

bockiges Hindernis auf dem Weg zur eigenen Zielerreichung. Für Kompromisse beziehungsweise »sowohl-als-auch-Lösungen« schließt sich jetzt die Tür. Durch gegenseitige Schuldzuweisungen wird die Verantwortung für die Ereignisse bereitwillig abgegeben. Der andere ist für die Patt-Situation verantwortlich. Wenn er nicht so voll von Fehleinschätzungen, Vorurteilen, Klischees etc. wäre und sich außerdem nicht so uneinsichtig und unnachgiebig zeigte, könnte alles gut sein.

Das Wir-Gefühl nimmt zu

In den Gruppen entwickelt sich ein diffuses, kämpferisches Wir-Gefühl. Der Einzelne gibt sein Urteil und seine Gefühle zugunsten der Gruppenansicht und des Gruppengefühls weitgehend auf. Parallel dazu nimmt der Wille, sich in die Gefühle der Gegenpartei hineinzuversetzen, drastisch ab. Einzelne übernehmen bestimmte Rollen innerhalb der Lager und werden im weiteren Verlauf immer wieder und weiter in ihre Rolle hineingedrängt. Jede Partei versucht sich von der gegnerischen Seite zu differenzieren, was durch eigene Sprachmuster und den Gebrauch bestimmter Fachausdrücke geschieht. Der Druck, sich innerhalb der Gruppe konform zu zeigen, steigt stark an. Gleichzeitig schwindet das Vermögen, die Zusammenhänge zwischen dem eigenen Denken und Tun und den (Re-)Aktionen der Gegenpartei wahrzunehmen, geschweige denn zu bremsen. Am Ende der dritten Stufe ist die Versuchung beziehungsweise Gefahr, dem wachsenden Druck durch eine Ausdehnung des Konflikts auf das soziale Umfeld Luft zu verschaffen, besonders groß.

beispiel fortsetzung

Die Fortführung des Wochenendworkshops an weiteren Wochenenden und in neuen Konferenzen bringt keine Einigung – im Gegenteil, eine Einigung zu finden erscheint immer unwahrscheinlicher. Die Lust an der Diskussion ist längst verschwunden. Bis zu einer verbindlichen Einigung werden sie, so kündigen die Vertreter beider Parteien an, genau das tun, was ihrer Überzeugung jeweils am besten entspricht. Die »Persönlichkeitsentwickler« erproben also in ihren Kursen neue Trainingsmodelle, verändern die vorgesehenen Inhalte der Rhetorik-Trainings nach Bedarf in Richtung Persönlichkeitsentwicklung und pflegen auch im Privaten Verbindungen zu einzelnen Kursteilnehmern. Der Kreis »Bewährte Rhetorik« besteht in der Arbeit mit den Kursteilnehmern auf die genaue Abarbeitung der Kursskripte, achtet sorgfältig darauf, keine privaten Kontakte zu pflegen. Die Atmosphäre ist gespannt. Immer seltener kommt es zu spontanen Gesprächen zwischen den Kollegen, wie es früher der Fall war. Feierabendaktivitäten werden drastisch reduziert, genauso wie der kollegiale Austausch von Unterlagen und Tipps zu einzelnen Kursen nicht mehr funktioniert.

Eskalationsstufe 4: Bilder und Koalitionen

Jetzt werden »Bilder« über die Gegenseite zurecht gelegt. Diese Bilder bestehen aus Urteilen über das Wissen und Können, aber (noch) nicht aus moralischen Bewertungen. Aus Versehen geäußerte moralische Bewertungen werden unverzüglich korrigiert. Die Urteile beschränken sich jetzt nicht mehr nur auf die ganze Gruppe, bewusst geht man zur Beurteilung von Einzelpersonen der Gegenpartei über.

Schwarz-Weiß-Malerei

Die eigene Seite wird als untadelig und kompetent angesehen, die Gegenseite als inkompetent und uneinsichtig. Typisch ist dabei die Polarisierung der Bilder bezogen auf Fähigkeiten,

Mehr und mehr steht nicht mehr nur die gegnerische Gruppe, sondern die Einzelperson in der Schusslinie des Gegners.

Kapazitäten und Stärken: Man fühlt und stellt sich höher und besser, indem man die Gegenpartei heruntermacht, das eigene Bild glorifiziert und das des Kontrahenten beschmutzt. Die gewonnenen Selbst- und Fremdbilder verfestigen sich und werden zunehmend immun gegen abweichende Tatsachen. Auch wenn Angehörige beider Parteien direkt zusammentreffen, können die Bilder nicht mehr korrigiert werden: Gesehen wird nur noch, was dem Wunschbild entspricht.

Der Mechanismus einer selbst erfüllenden Prophezeiung (siehe Seite 8) bewirkt, dass die Konfliktparteien sich gerade in jene extremen Rollen hineindrängen, die sie eigentlich bekämpfen. Kämpft beispielsweise eine Gruppe gegen autoritäres Verhalten, muss sie letztlich genau jene Autorität an den Tag legen, um gegen die Autorität der Gegenpartei anzukämpfen.

Auffällig ist zudem, dass Urteile nun verallgemeinernd und pauschal artikuliert werden: »Menschen wie die können ja gar nicht flexibel …!« oder: »Leute bürgerlicher Herkunft haben ja nicht die Vorstellungskraft …!« Dabei wachsen die Konfliktparteien in eine zunehmende Abhängigkeit hinein. Während sie sich auf der einen Seite bekämpfen, brauchen sie einander dringend, um die gegenseitigen Aggressionen und Abneigungen abzureagieren.

Der Konflikt weitet sich aus

Beziehungsaspekte in und zwischen den Konfliktparteien gewinnen mehr und mehr an Bedeutung, doch auch die Umgebung wird in den Konflikt mit einbezogen, da die Beteiligten versuchen, Außenstehende von der Inkompetenz der Gegenseite zu überzeugen. Mit gezielten Aktionen wird versucht, bisher Unbeteiligte in das eigene Boot zu holen, um das eigene Lager im aktuellen – und sich wahrscheinlich noch verschärfenden Kampf – zu stärken. Zu diesem Zweck werden Stereotypen des Gegners gezeichnet und mit den möglichen neuen Koalitionspartnern diskutiert, um Durchsetzungsfähigkeit und Einfluss der eigenen Partei zu stärken. Durch die Ausweitung des Konflikts auf neue Mit-Streiter erhält der Konflikt eine neue Dimension. Jetzt sind zusätzliche Sympathisanten an den Aktionen des eigenen Lagers beteiligt, wodurch die Unabhängigkeit der Gruppe wächst. Die Forderungen, Vorstellungen und Interessen der »Neuen« bereichern den Konflikt um weitere Aspekte und bauschen ihn über Gebühr auf. Die zukünftige Entwicklung wird noch unberechenbarer, da zu viele Variablen und Kleinstakteure innerhalb der Gruppen aktiv sind. Um die Gruppe halbwegs im Zaum halten zu können, wird der Gruppendruck weiter erhöht und auf Konformität gedrängt, was beide Gruppen in Ihrer Entscheidungsfindung einschränkt.

Will eine Seite die mühsam gefundene Geschlossenheit der Gegenseite durchbrechen, um damit den Fortgang des Konflikts zu beeinflussen, zielt sie von nun an auf die Hauptakteure der Gegenseite ab. Sachfragen rücken dabei immer weiter in den Hintergrund. Klar ist, dass es auf dieser Stufe nicht mehr um win-win-Lösungen, sondern allenfalls um win-lose-Lösungen geht. Gute Beispiele für Konflikte auf dieser vierten Eskalationsstufe lassen sich im Wahlkampf und bei politischen Auseinandersetzungen finden.

beispiel fortsetzung

Es wird weiterdiskutiert – ohne dass sich etwas ändert. Bisher haben die Parteien aus wenigen engagierten Personen bestanden, weil sich die Mehrzahl der Kollegen heraushielt. Jetzt wird massiv um Anhänger geworben. Die »Persönlichkeitsentwickler« lassen durchblicken, dass die Kontrahenten nur wenig Erfahrung haben, sich nicht für Kundenwünsche interessieren und weiterhin in überholten Techniken schulen. Deswegen schickten immer mehr Kunden ihre Mitarbeiter zur Konkurrenz, wodurch das Institut finanzielle Probleme hätte.

Auf der anderen Seite stellt der harte Kern der »Bewährten Rhetoriker« die Fachkenntnisse der engagiertesten »Persönlichkeitsentwickler« in Frage. Ihre Darstellung läuft darauf hinaus, dass die Schulungsleiterin mit entsprechenden Maßnahmen eingreifen müsse. Die unterschiedlichen Auffassungen und Ansichten gelangen über die Kursteilnehmer zu den Kunden. Mancher Teilnehmer oder Personalchef ergreift Partei, doch es werden auch bereits gebuchte Kurse storniert. Parallel dazu machen Gerüchte die Runde, dass sich einige der besten neueren Trainer nach einer neuen Stelle umsehen.

Eskalationsstufe 5: Gesichtsverlust

Wenn die Konfliktparteien diese Stufe betreten, laufen sie Gefahr tief zu fallen. Bisher wehrten sich die Konfliktparteien, indem sie auf Defizite in Wissen und Können der anderen Partei sowie Verwirrung stiftende Verhaltensweisen des Gegners hinwiesen.

Der moralische Aspekt

Bisher äußerten die Beteiligten lediglich die Meinung, die Gegenseite sei inkompetent – doch nun wird ihr unterstellt, sie habe in Wirklichkeit niederträchtige und kontraproduktive Motive, die jetzt an die Oberfläche kämen. Die Auseinandersetzung erhält damit zusätzlich moralische Elemente. Der Gegner wird als moralisch unsolide und nicht integer empfunden und entlarvt – und das ist eine gute Rechtfertigung, wenn es darum geht, als moralisch gute Partei den moralisch schlechten Gegner rücksichtslos anzugreifen und damit das Böse im Interesse aller zu vernichten. Auch sprachlich schlägt sich dieser Umschwung nieder: Die Absicht, den Gegner zu vernichten, wird sprachlich rüde und durch extreme Ausdrucksformen angezeigt.

Die Entlarvung

Die bisherigen Ereignisse erscheinen nun in anderem Licht. In der Rückschau wird angeblich deutlich, dass die Verhaltensweisen des Gegners schon viel früher Anzeichen der moralisch verwerflichen Haltung gezeigt haben – eine Feststellung, die sich hervorragend eignet neu interpretiert zu werden. Die »Guten« fühlen sich verpflichtet, allen anderen in der Gemeinschaft die Augen über die wahren Motive der bösen Gegenseite zu öffnen. Die Gegenseite wehrt sich verzweifelt und mit allen Mitteln gegen die Beschuldigungen, verliert aber dennoch durch die Entlarvung ihr Ansehen, auch in der mittlerweile involvierten Öffentlichkeit.

Die Folgen sind drastisch: Die beschuldigte Gegenseite wird zunehmend isoliert, wird immer stärker ausgegrenzt. Und mehr noch: nach und nach werden alle Abneigungen auf den vermeintlichen Sündenbock projiziert. Bis auf die loyalen Getreuen im Lager der entlarvten Partei macht sich niemand mehr die Mühe, sich in die einzelnen Menschen hineinzuversetzen und ihre Motive wahrzunehmen.

Der Einzelne im Lager des Gegners zählt nicht mehr als Individuum – er soll mit der Gruppe entlarvt und besiegt werden.

→ beispiel fortsetzung

Bei einem Tag der offenen Tür erkundigen sich besorgte Kunden, inwieweit die Gerüchte der Wahrheit entsprechen, dass wegen finanzieller Probleme einigen der Trainerinnen und Trainer gekündigt werden solle. Die Schulungsleiterin erklärt daraufhin ausweichend, dass das Institut im Umbruch sei und Fragen der zukünftigen Ausrichtung überdacht werden müssen – ein Grund zur Besorgnis sei aber nicht vorhanden. Natürlich suche man hier und da nach dringend notwendigen Einsparungsmöglichkeiten, aber welches Unternehmen tue das in heutiger Zeit nicht. Von anstehenden Entlassungen könne jedoch keine Rede sein.

In der nächsten Institutskonferenz zitiert der Sprecher der »Persönlichkeitsentwickler« diese Aussagen der Schulungsleiterin, bezichtigt sie der Manipulation und fordert eine Erklärung. Er wisse außerdem aus einem Gespräch mit gut informierten Kunden beziehungsweise deren Personalchefs, dass es eine streng vertrauliche Namensliste gebe. Darin seien die Namen derjenigen Trainerinnen und Trainer vermerkt, denen – einem Vorschlag der Schulungsleiterin an die Geschäftsführung entsprechend – gekündigt werden solle. Die Schulungsleiterin reagiert auf diese Anschuldigung konfus, woraufhin der Sprecher der »Persönlichkeitsentwickler« eine Kopie der Liste »Kündigungen« vorlegt, die offensichtlich von der Schulungsleiterin unterschrieben ist. Von den dort aufgeführten acht Personen gehören sieben dem Lager der »Persönlichkeitsentwickler« an.

Diese Enthüllung löst große Bestürzung aus. Attribute wie »unintger«, »hintergangen« und »illoyal« fallen. Die Kerngruppe der »Persönlichkeitsentwickler« erklärt, der »doppelzüngigen Schulungsleiterin das Vertrauen zu entziehen«, besteht darauf, dass die »Anwesenheit dieser Person nicht länger tragbar ist« und fordert den sofortigen Ausschluss der Schulungsleiterin von der gemeinsamen Konferenz.

Einige der bisher neutralen Personen schließen sich den »Persönlichkeitsentwicklern« an, andere versuchen die Schulungsleiterin zu schützen. Diese verlässt daraufhin völlig aufgelöst die Konferenz. Angesichts der ausbrechenden Tumulte wird die Versammlung nach kurzer Zeit abgebrochen.

Die entlarvte Partei fühlt sich in ihren wahren Motiven verkannt und sinnt nun ihrerseits auf Rache. Der Gegenangriff beginnt und hat nur ein Ziel: Auch die Gegenseite soll ihr Gesicht verlieren. Dabei geht es gar nicht mehr so sehr um die Gegenseite, sondern vor allem um die Rehabilitation der als unmoralisch entlarvten Partei der »Bösen«.

Nachdem beide Seiten die vermeintlichen Täuschungen des Gegners aufgedeckt haben, sind sie auch beide – im wahrsten Sinne des Wortes – tief enttäuscht. Sie konzentrieren sich jetzt zunehmend darauf, ihr Gesicht nicht zu verlieren beziehungsweise verlorenes Ansehen zurückzugewinnen. Denn noch besteht der

Jetzt wird gedroht – allerdings nur dann, wenn auch entsprechendes »Beweismaterial« vorliegt.

Irrglaube, dass alles wieder gut werden kann, wenn es nur gelingt, die Rädelsführer und Hauptakteure der gegnerischen Partei völlig »auszuschalten«.

In Wirklichkeit ist es dafür längst zu spät, denn die ursprüngliche Gemeinschaft ist auf dieser Eskalationsstufe schon schwer zerrüttet. Bereits jetzt ist nichts mehr so wie früher.

Eskalationsstufe 6: Drohstrategien

Die Auseinandersetzung wird härter: Die Parteien stellen Forderungen aneinander und drängen sich gegenseitig zur Erfüllung derselben. Natürlich versuchen sie, die Gegenpartei zum Nachgeben zu zwingen und drohen für den Fall der Nichterfüllung mit Strafen, also mit realen Schäden. Damit die Drohung glaubwürdig ist, machen sie dem Gegner klar, dass sie etwas gegen ihn in der Hand haben.

Ja nicht unglaubwürdig werden!

Dabei wird tunlichst auf die Verhältnismäßigkeit von Forderung/Drohung und angekündigter Sanktion geachtet, um nicht an Glaubwürdigkeit zu verlieren. (Ein Geiselnehmer, der für seine Geisel 100 DM Lösegeld fordert, macht sich unglaubwürdig.) Jede Drohung der einen Seite wird auf dieser Stufe des Konflikts mit einer Gegendrohung der anderen Seite beantwortet, wobei sich die angedrohten Maßnahmen jedes Mal verschärfen.

Um die Drohungen als real erscheinen zu lassen, wird zuerst anhand kleinerer Aktionen demonstriert, dass man eine solche Bestrafung tatsächlich durchführen will. Eine kleine Pressemeldung hier, ein anonymer Hinweis an das Finanzamt, eine Andeutung gegenüber Kunden an geeigneter Stelle können die Mittel der Wahl sein. Jede Partei muss sehr schnell entscheiden, ob sie die Drohung der Kontrahenten ernst nimmt oder nicht. Der Druck wächst: Man muss reagieren, kann aber nicht mehr frei agieren. An diesem Punkt gibt es für beide Parteien kein Zurück mehr, ohne ihr Gesicht beziehungsweise ihre Glaubwürdigkeit vollständig zu verlieren – und das hieße tiefe Einschnitte in das eigene Identitätserleben zu erleiden.

Das Umfeld leidet mit

Da der Stress wächst, kommt es auf beiden Seiten zunehmend zu Überreaktionen, die Folgen weit über das gedachte Maß hinaus zeigen und nichts mehr mit den zentralen Themen des Konflikts zu tun haben. Vor allem aber entflammt nun die berufliche und öffentliche

wichtig

So läuft die Drohung ab:

Die Drohung: »Du erfüllst meine Forderung X.«

Die Sanktion: »Sonst gehe ich damit zur Presse!«

Die Glaubwürdigkeit herstellen: »Ich habe hier Unterlagen (die mich vor der Presse glaubwürdig machen)!«

beispiel fortsetzung

Die Entwicklung gewinnt noch einmal an Dynamik und Tempo und verselbstständigt sich vollends. Die Schulungsleiterin meldet sich – nachdem sie bestritten hatte, dass Kündigungen ernsthaft in Betracht gezogen würden – für einige Tage krank. In dieser Zeit spricht sie mit den Mitgliedern der Geschäftsführung, die bisher tatsächlich über alle Einstellungen und Kündigungen entschieden haben. Unter den Mitgliedern der Geschäftsführung ist die Meinung über die Vorgehensweise der Schulungsleiterin ebenfalls gespalten. Der Kreis der »Persönlichkeitsentwickler« legt in der nächsten Konferenz weiteres Material gegen die Schulungsleiterin vor und fordert ihre Entlassung. Als die Geschäftsführung ablehnt, drohen einige Kunden, aktiv in das Geschehen einzugreifen – sie wollen die Steuerbehörde über unrechtmäßige Zahlungen an die Schulungsleiterin und an verschiedene Trainer informieren, was ein Finanzstrafverfahren zur Folge hätte. Der Hauptgeschäftsführer und der Chef der Buchhaltung erklären daraufhin ihren Rücktritt. Die noch amtierenden Geschäftsführer drohen, die »Persönlichkeitsentwickler« zu entlassen, weil deren Verhalten das Institut total in Verruf gebracht habe.

Umgebung: Sie wird zunehmend involviert, der Konflikt wird zum Buschfeuer. Nicht selten reichen die Ausläufer des Konflikts bis in die familiären und privaten Umfelder der Beteiligen hinein. Es kommt immer wieder vor, dass die Akteure auf dieser Eskalationsstufe ihre sozialen Bindungen an Ehepartner, Freunde und Nachbarn riskieren und auch verlieren.

Drohen als Chance

Dennoch haben die Drohungen auf dieser Stufe auch etwas Gutes, denn Drohungen sind als Ankündigungen aufzufassen. Wer droht, hat immer noch die Hoffnung, dass der andere nachgibt, dass es nicht zu weiteren Eskalationen oder gar Gewalttätigkeiten kommt und vor allem, dass man selbst seine Drohung nicht wahrmachen muss. Drohungen beruhen

! wichtig

Spätestens ab der siebten Eskalationsstufe kann es nur noch Verlierer geben: Der Hass auf den Gegner ist mittlerweile so groß geworden, der Konflikt so verfahren, dass man sogar eigenen Schaden in Kauf nimmt, um es dem Gegner »zu zeigen«. Manchmal sind schon kleine Betriebe von der eigenen Belegschaft »kaputt gestreikt« worden – mit dem Ergebnis, dass der Betrieb schließen musste.

immer auch auf Angst, und gegen diese Angst wehrt man sich. Daran sieht man, dass selbst auf dieser sechsten Eskalationsstufe immer noch eine winzig kleine Chance zum Ausstieg besteht, die beide Parteien wittern. Denn wer wirklich auf Gewalt und Ärger aus ist, droht nicht, sondern holt kurzerhand zum Vernichtungsschlag aus!

Eskalationsstufe 7: Begrenzte Vernichtungsschläge

Die Konfliktparteien haben mit diesem Schritt eine wichtige Schwelle überschritten – sie sind auf dem lose-lose-Level angekommen und versuchen nun, sich gegenseitig größtmöglichen Schaden zuzufügen. Sie beginnen sich gegenseitig in ihrer Existenz zu erschüttern. Beiden Seiten ist klar, dass es zwar noch einen Ausweg gibt, es sich dabei aber um keinen Kompromiss mehr handeln kann. Es kann jetzt nur noch einer gewinnen, und zwar unter der Voraussetzung, dass der andere restlos aufgibt und damit verliert. Das bedeutet, er wird seine Existenz, sein Gesicht, sein Ansehen und schlimmer noch seine Identität verlieren. Beide Seiten sind sich mehr oder weniger darüber im Klaren, dass es auch für den vermeintlichen Gewinner so gut wie nichts mehr zu gewinnen gibt und der Kampf nur noch mit eigenen Verlusten weitergeführt werden kann. Trotzdem macht man weiter: so lange die Verluste auf der Gegenseite höher sind als die eigenen, wird dies sogar als Teilsieg betrachtet.

Gewinner unter den Verlierern

Beide Parteien kämpfen jetzt nur noch darum, nicht der Gesamt-Verlierer zu sein. Man will der »Gewinner unter den Verlierern« sein, der zumindest seine Existenz – wenn auch unter großen Verlusten – sichert. In dieser Phase werden List und Lüge zur Tugend erhoben und man vergisst, dass die Gegenpartei und auch die eigene Gruppe aus Menschen besteht. Vor allem die Gegner werden nicht mehr als Repräsentanten menschlicher Werte und Würde, sondern nur noch als Objekte gesehen. Dadurch kann der Gegner ohne schlechtes Gewissen vernichtet werden, ja mehr noch, er MUSS vernichtet werden. Die sprachliche Ausdrucksform der Kontrahenten spiegelt von nun an den Objektbezug sowie den Vernichtungswillen wider. Im Extremfall fallen nicht selten Wörter wie »ausradieren«, »auslöschen«, »vernichten« oder »unschädlich machen«, die alle deutlich faschistoide Züge tragen.

Die Irrationalität ist auf dem Vormarsch

Diese Äußerungen zeigen, wie ernst die Lage in der Zwischenzeit ist und machen den wachsenden irrationalen Hass der Parteien deutlich. Dabei ist die Endstufe der Eskalation noch nicht erreicht. In diesem Stadium geht es mehr darum, den Gegner seiner Macht zu berauben, ihn als Hindernis aus dem Weg zu schaffen und ihm seinen Einfluss zu nehmen. Dennoch eskaliert der Konflikt bereits: Jede Aktion wird im Gegenzug mit einem Vergeltungsschlag geahndet, die Spirale von Hass und Gewalt dreht sich atemberaubend schnell. Die Vergeltungsschläge sind zwar noch nicht endgültig,

beispiel fortsetzung

Die Vorfälle verbreiten sich und spalten die Gemüter. Die Schulungsleiterin beteuert ihre Unschuld und fordert, gegen die »zerstörerischen Elemente« vorzugehen. Die Geschäftsführung muss zusätzlich die Tagesgeschäfte der Schulleitung übernehmen und ist schnell überlastet. Die Steuerbehörde bekommt einen anonymen Tipp und kündigt sich kurzfristig zur Prüfung an. Dabei werden Fehler gefunden, die als Steuerhinterziehungen geahndet werden. Der Schulungsleiterin wird nachgewiesen, dass sie die Geschäftsführung und das Kollegium wahrscheinlich schon lange wissentlich falsch informiert hat. Ein Hauptakteur der »Persönlichkeitsentwickler« wird beschuldigt, Schulungen abgerechnet, aber nicht durchgeführt zu haben. Er wird verklagt. Ein anderer wird angeklagt, da er angeblich Trainingsskripten an Konkurrenzunternehmen weitergegeben hat. Gegenstände aus den Räumen der Schulungsleiterin verschwinden. Unter Aufsicht der Polizei werden daraufhin Aktenschränke durchsucht. Die Tagespresse berichtet jetzt fast täglich über neue Missstände im Institut. Erste Leserbriefe mit dem Tenor »Das war zu erwarten!« und »Haben wir immer schon gewusst!« erscheinen.

aber immerhin Teilsiege, die gefeiert werden, ohne die Realität zu sehen. Neigt sich diese Eskalationsstufe dem Ende zu, gerät mehr und mehr die Lust an der Zerstörung außer Kontrolle. Als Ausgang des Konflikts kommt nur noch lose-lose in Betracht, also eine Lösung, in der beide Parteien alles verlieren. Der Ehrentod auf dem Schlachtfeld spukt in den Köpfen herum – natürlich mit dem Hintergedanken, dass vor dem eigentlichen Niedergang der Feind geschlagen wird beziehungsweise der endgültige Sieg erreicht ist. Da der endgültige Sieg aber in immer weitere Ferne rückt, bleibt eigentlich nur noch die gemeinsame Niederlage als realistische Alternative.

Eskalationsstufe 8: Zersplitterung

Auf dieser Stufe geht es ums Ganze: Die Macht- und Existenzgrundlage des Gegners soll endgültig und vollständig zerstört werden, weswegen die Schläge immer stärker und grausamer werden.
Im privaten Bereich kann jetzt bereits die körperliche Gewalt regieren, während auf betrieblicher Ebene nach und nach die systematische Sabotage beginnt. Ein beliebtes Ziel für solche Sabotageakte sind beispielsweise zentrale Knotenpunkte eines Unternehmens (vor allem das interne Kommunikationssystem, die EDV, die Qualitätskontrolle oder die Lohnbuchhaltung), die lahm gelegt werden; dadurch wird der Zusammenhalt zerschlagen, was die Gegenpartei in ihrer seelischen, psychischen und physischen Vitalität empfindlich trifft.

beispiel fortsetzung

Das Gewerbeaufsichtsamt greift nach längerem Abwarten ein und drängt die Geschäftsführung zur Schließung des Betriebs. Der Schulungsleiterin und einer erheblichen Anzahl von Trainerinnen und Trainern wird fristlos gekündigt. Die größten Kunden buchen ihre Kurse jetzt bei einem Konkurrenzunternehmen. Zusätzlich verklagen die Unternehmen, deren Mitarbeiter kurz vor Abschluss ihrer Fortbildung gestanden hatten und durch die beschriebenen Umstände das Zertifikat nicht erlangen konnten, das Institut auf Schadensersatz. Zahlreiche Kunden, die mit dem Institut langfristige Verträge geschlossen hatten, kündigen diese mit sofortiger Wirkung unter Angabe verschiedenster Gründe, verlangen die im Voraus bezahlten Gebühren und Abschläge zurück und bringen das Institut dadurch in massive Liquiditätsschwierigkeiten. Schließlich muss das Institut Konkurs anmelden.

Der Einzelne als Ziel der Aggression

Obwohl im Gegenlager der Mensch als solcher mit seinen Werten und seinem Menschsein nicht mehr gesehen wird, richtet sich die Aggression oft auch gegen einzelne Personen. Eine häufig angewandte Methode ist hier die systematische Zersplitterung der Parteien. Frei nach dem alten römischen Motto »Teile und herrsche« versucht jede Seite, Zwietracht zwischen den gegnerischen Hauptakteuren an der Front und die sie stützenden Kreise zu säen. Erreicht das Misstrauen innerhalb der Parteien ein bestimmtes Maß, werden die Parteien zunehmend handlungsunfähig und zeigen Schwächen, die der Angreifer sofort geschickt auszunutzen weiß. Da aber jeder Schlag einen Gegenschlag provoziert, gehen beide Parteien erheblich und nachhaltig geschwächt aus den Auseinandersetzungen hervor. Was die Partei-

beispiel fortsetzung

Die Kernpersonen führen gegeneinander Gerichtsprozesse durch mehrere Instanzen. Unter den Beteiligten kommt es zur Anwendung körperlicher Gewalt, was für die Täterinnen und Täter schwerste strafrechtliche Folgen hat. Die Gewalt richtet sich in einem Fall schließlich auch gegen die eigene Person – es kommt zu einem Selbstmord …

en auf dieser Stufe davon abhält, mit blanker Gewalt auf den Gegner einzuschlagen, ist die tiefe Angst, dabei oder in dem unweigerlich auf dem Fuße folgenden Gegenschlag selbst vernichtet zu werden. Allein der Wille, selbst zu überleben, hält beide Seiten davon ab, den letzten Schritt zu tun. Fazit: Nichts geht mehr.

Eskalationsstufe 9: Gemeinsam in den Abgrund

Die Endstation ist erreicht. Das Ziel ist jetzt die endgültige Vernichtung des Gegners, für die auch der eigene Untergang ernsthaft mit in Kauf genommen wird. Alle positiven Verbindungen, die einst zwischen den Kontrahenten bestanden haben, sind für immer abgebrochen. Das einzig Gemeinsame ist der gemeinschaftliche Untergang. In den Zeitungen kann man fast täglich Meldungen über diese und ähnliche Tragödien lesen.

| Der Einzelne kann auch im Gruppenkonflikt jederzeit zum Ziel von Aggressionen werden.

Eigene Konflikte lösen

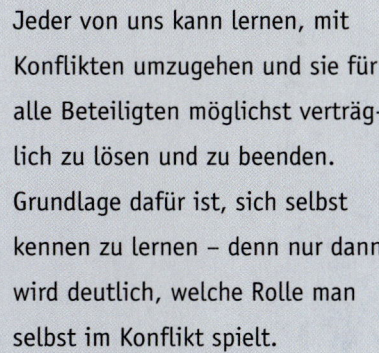

Jeder von uns kann lernen, mit
Konflikten umzugehen und sie für
alle Beteiligten möglichst verträg-
lich zu lösen und zu beenden.
Grundlage dafür ist, sich selbst
kennen zu lernen – denn nur dann
wird deutlich, welche Rolle man
selbst im Konflikt spielt.

→ interview

Manche Leute haben selten Streit, doch ich trete von einem Fettnäpfchen ins nächste. Oft wachsen sich kleine Probleme zu richtig unangenehmen Streitereien aus. Völlig unnötig. Da ich auch gern weniger Konflikte hätte, habe ich mich schlau gemacht: Mehr über Lösungswege zu wissen, hilft mir mit Konflikten umzugehen. Und es ist schon erstaunlich, was alles zutage kommt, wenn man den Willen hat, einen Konflikt aufzulösen. In der Richtung will ich weitermachen, denn es lohnt sich.

SUCHEN SIE ALLGEMEINE LÖSUNGSWEGE

Es wäre äußerst praktisch, wenn es einen universell einsetzbaren Lösungsweg für Konflikte gäbe. Doch das funktioniert nicht so recht, da sich jeder Mensch im Konfliktfall anders verhält – je nach dem, wie er im Heranwachsen geprägt wurde, welche Personas er bevorzugt, wie viel Temperament er besitzt. Trotzdem gibt es grob genommen nur fünf Stile der Konfliktbewältigung, denen sich alle Konflikte zuordnen lassen: Durchsetzung, Kompromiss, Rückzug beziehungsweise Vermeidung, Nachgeben und die problemorientierte kooperative Strategie. Es kommt erschwerend hinzu, dass es für den Umgang mit Konflikten einen großen Unterschied macht, ob man selbst in einem Konflikt beteiligt ist oder nicht, ob man Konflikte beruflich oder als Nachbar/Freund begleitet, aber auch, ob man als beteiligte oder unbeteiligte Führungskraft, also als Vorgesetzter, involviert ist.

Trotzdem gibt es einige allgemeine Erkenntnisse, von denen die wichtigste Mut macht: Der Umgang mit Konflikten ist erlernbar, Konflikte lösen auch.

welcher typ sind sie?

✔ Wenn alles nichts hilft, treffen Sie die Entscheidungen und beenden einen Konflikt mit einem Machtwort.

✔ Kompromiss: Zuweilen lassen Sie sich auch einmal auf einen Handel ein, mit dem niemand so richtig glücklich ist.

✔ Rückzug/Vermeidung: Sie ziehen sich gerne aus einem Konflikt zurück, weil Sie keine weiteren Energien investieren wollen und beobachtet haben, dass der Konfliktgegner eine reine Durchsetzungs-Strategie verfolgt.

✔ Nachgeben: Sie geben öfter mal nach – weil es sachlich einfach angebracht ist.

✔ Problemorientierte kooperative Strategie: Der Königsweg des Konfliktverhaltens. Sie versuchen, beiden Positionen gerecht zu werden, indem Sie Lösungen suchen, aus denen beide Seiten als Gewinner hervorgehen. Dabei sollen die Selbstwertgefühle aller Beteiligten respektiert und geschützt und wann immer möglich Synergien erzeugt werden. Und nicht zuletzt soll man aus dem gegenwärtigen Konflikt für die Zukunft lernen.

Der Konflikt – ein Eisberg

Konflikte sind wie Eisberge: Nur ein kleiner Teil des Konflikts ist an der Oberfläche zu sehen, der weitaus größere jedoch liegt unter der Wasseroberfläche verborgen. Wenn ein Konflikt noch nicht über die vierte Eskalationsstufe hinausgegangen ist – das bedeutet, dass der Gegner zwar schon als inkompetent, aber noch nicht als unmoralisch angenommen wird –, befindet man sich sozusagen noch über der Wasserfläche, also an der sichtbaren Oberfläche (Sachebene). Die Ursachen des Konflikts und seiner Zuspitzung liegen meistens jedoch nicht auf dieser Ebene, sondern tief unter der Wasseroberfläche. Oft sind dort, also auf der Beziehungsebene, Verletzungen des Selbstwertgefühls zu finden, unverarbeitete Ungerechtigkeiten oder reaktivierte, uralte Reaktionsmuster, die den Beteiligten meistens nicht klar sind und, auch selbst wenn sie bewusst sind, sorgfältig verborgen werden. Auch wenn in diesem Fall Sachlösungen angestrebt werden, kann eine Konfliktlösung niemals dauerhaft wirken – es sei denn, sie bringt diese tiefen Ebenen ans Licht und bearbeitet sie. Das bedeutet im Klartext: Was man im Konflikt sehen beziehungsweise hören kann, entspricht den Positionen der Konfliktgegner auf der Sachebene. Doch die eigentlichen Interessen liegen hinter beziehungsweise unter diesen Positionen versteckt, die gleichsam eine Interpretation ihrer Interessen sind. Diese Interessen können natürlich auch auf der Sachebene liegen (genau wie die Positionen), befinden sich aber häufig auf der Beziehungsebene. Das bedeutet, dass sich Konflikte also nur dann dauerhaft lösen lassen, wenn die Gefühle der Beteiligten ausgedrückt und von der Gegenseite gewürdigt werden und die Interessen eine entsprechende Berücksichtigung finden.

Konflikte erkennen ...

Wer einen Konflikt lösen will, muss ihn zuerst einmal erkennen. Manchmal, vor allem bei latenten Konflikten, ist das nicht ganz einfach. Vielleicht schlummert der Konflikt noch im Halb-Bewussten oder wird unter dem Mantel eines rau-herzlichen Umgangstons verborgen, ist insgeheim aber schon richtig am Wirken.

Sich Schritt für Schritt dem Konflikt nähern

Wie erkennt man denn nun einen Konflikt, an dem man vielleicht sogar beteiligt ist? Hatten Sie vielleicht auch schon einmal das Gefühl, dass irgendetwas nicht stimmt, konnten es aber nicht an Worten oder Taten festmachen? Wenn Sie einen Konflikt befürchten und Ihre Ahnung bestätigt beziehungsweise widerlegt haben wollen, brauchen Sie dazu nur etwa 30 Minuten Zeit, ein ruhiges Plätzchen, einen Stift und einige Blätter Papier.

Mit Hilfe der folgenden Schritt-für-Schritt-Anleitung beginnen Sie, sich innerlich mit dem

→ beispiel

Frau G. arbeitet als Sachbearbeiterin in der Einkaufsabteilung eines modernen Unternehmens, das komplexe Produkte herstellt. Sie arbeitet mit einem sehr umfangreichen Dispositions- und Bestellsystem, das erst kürzlich eingeführt wurde und beherrscht dieses anspruchsvolle, computerbasierte System gut. Der Abteilungsvorgesetzte möchte dieses System ändern, da es auch offensichtliche Nachteile mit sich bringt (Anstieg der Lagerbestände seit Einführung des Systems etc.). Dem Vorgesetzten schwebt vor, die Disposition von Teilen auf die Arbeitsplanungsabteilung zu verlagern, wogegen sich Frau G. vehement wehrt (das ist ihre Position.) Erst nachdem das Interesse von Frau G., nämlich Verantwortung zu übernehmen und sich im Umgang mit komplexen Systemen zu bewähren, erkannt und angesprochen wurde, gibt es einen Durchbruch: Der Vorgesetzte und Frau G. einigen sich darauf, einen Entwicklungsplan zu erarbeiten, der Frau Gs. Bedürfnis nach Verantwortung und Sich-Bewähren berücksichtigt. Daraufhin ist es für Frau G. leicht, ihre Position zu verlassen und den beabsichtigten Änderungen zuzustimmen. Dieser Konflikt kann als gelöst gelten, da die unter den Positionen liegenden Interessen erkannt und berücksichtigt wurden

Konflikt zu beschäftigen. Machen Sie sich in aller Ruhe ein Bild davon, was Sie vielleicht schon seit längerem stört. Das ist äußerst wichtig, da Sie dadurch den Konflikt aus dem Unterbewussten herausheben. Erst wenn Sie den Konflikt benennbar machen, ihm also einen Namen geben, können Sie ihn bearbeiten.

... und Konflikte verstehen

Im zweiten Schritt versuchen Sie, den Konflikt zu verstehen. Finden Sie heraus, wie es zu dem Konflikt kommen konnte. Es geht hier nicht um Strichlisten oder objektive Wahrheiten, es

Oft steht das vage Gefühl, dass etwas nicht stimmt, am Anfang. Gönnen Sie sich Zeit und Ruhe für die Analyse.

konflikte erkennen

✔ Überlegen und notieren Sie sich, was Sie an der jetzigen Situation stört.

✔ Beschreiben Sie Ihre Gefühle im Zusammenhang mit dem, was Ihnen wie ein Konflikt vorkommt. Zum Beispiel: »Ich habe Angst, dem Kollegen XY auf dem Gang zu begegnen.« Oder: »Wenn ich an den Chef denke, werde ich wütend.«

✔ Rufen Sie sich jetzt noch einmal die Unterschiede von Problem, Differenz und Konflikt ins Gedächtnis (siehe auch Seite 8). Entscheiden Sie, ob das, was Sie stört, ein Problem, eine Differenz oder vielleicht doch ein Konflikt ist.

✔ Wenn Sie jetzt sicher sind, dass es sich um einen Konflikt handelt, schließen Sie die Augen und stellen Sie sich eine typische Szene vor, in der der Konflikt auftreten könnte. Malen Sie ein Bild oder fertigen Sie eine Skizze, die in irgendeiner Weise den Konflikt ausdrückt.

✔ Geben Sie dem Konflikt einen Namen.

✔ Beantworten Sie auf Ihrem Bogen jetzt folgende Fragen:
Worum geht es?
Wer ist beteiligt?
Wer hat welchen Anteil?
Wie war mein Verhalten?
Wie war das Verhalten der anderen?

konflikte verstehen

✔ Suchen Sie eine Situation, an der Sie beteiligt waren. Bilden Sie davon ausgehend »Weil ...-Sätze«, wie zum Beispiel: »Ich bin ausgerastet, weil ... ich wütend war«.

✔ Hinterfragen Sie Ihre Reaktionen und Ihre Gefühle weiter mit dieser Weil-Technik. Bilden Sie Assoziationsketten, die Sie in die Tiefe führen. »Ich war wütend, weil ... ich mich versetzt gefühlt habe. Ich habe mich versetzt gefühlt, weil ... ich so lange umsonst gewartet habe. Ich habe gewartet, weil ... mir das Treffen wichtig war. Das Treffen war mir wichtig, weil ... mir der Mensch wichtig ist.« Wenn Ihre Assoziationskette abbricht, beginnen Sie eine neue mit einen anderen Aspekt.

✔ Als Nächstes versuchen Sie, Assoziationsketten ausgehend vom Verhalten des Konfliktgegners aufzubauen. Benutzen Sie in diesem Schritt das »weil« im Sinne von »Was hat das mit mir zu tun?«, denn es jetzt nicht um Spekulationen über das Wesen des Anderen, sondern um Ihren Anteil am Konflikt: »Ich werde versetzt, weil ... man mich nicht für wichtig hält. Man hält mich nicht für wichtig, weil ... ich nie den Mund aufmache. Ich mache den Mund nicht auf, weil ... ich Angst habe, etwas Falsches zu sagen. Ich habe Angst, etwas Falsches zu sagen, weil ... «

geht um Ihr Verständnis und um Ihre innere Einstellung zum Konflikt.

Gehen Sie ins Detail

Nach der Analyse wissen Sie, ob die Störung ein Konflikt ist und verstehen Ihr eigenes Verhalten, Ihre Reaktionen und Gefühle besser. Sie haben das Thema des Konflikts benannt und die Beteiligten identifiziert.

Die folgende Checkliste hilft Ihnen, den Konflikt genauer einzuordnen, offen Fragen zu erkennen und Ihr weiteres Vorgehen zu planen.

Nur wer sich wirklich in einen Konflikt »hineinarbeitet«, kann ihn verstehen und beim nächsten Mal vermeiden.

Konflikten vorbeugen

Wenn sich anbahnende Konflikte im Vorfeld erkannt werden, kann man die Differenz auflösen, bevor es zu einem Konflikt in einer höheren Eskalationsstufe kommt. Beste Voraussetzung dafür ist eine Familien-, Unternehmens- oder Vereinskultur, in der Differenzen und Konflikte benannt werden können.

Leider ist das keineswegs überall der Fall. Häufig gilt es als geradezu unschicklich, Konflikte zu haben, geschweige denn sie offen anzusprechen. Der Versuch, Konflikten vorzubeugen, wird dann als mangelndes Vertrauen interpretiert. Gute Beispiele hierfür finden sich, wenn es ums Heiraten geht: Oft wird nicht darüber gesprochen, wie man im Falle einer Trennung mit den Besitztümern oder mit dem Sorgerecht für die Kinder verfahren will, obwohl die Scheidungsstatistiken geradezu auffordern, sich mit diesen Themen zu beschäftigen. Schlimmer noch, der Partner, der solche vorbeugenden Maßnahmen ins Gespräch bringt, muss damit rechnen, dass er missverstanden wird und damit genau das Gegenteil von dem erreicht, was er angestrebt hatte: Unversehens ist er mittendrin im Konflikt.

Auch lassen sich nicht alle Differenzen in Wohlgefallen auflösen. Oft genug müssen Spielregeln festgelegt, Animositäten anerkannt und Leute auseinander gebracht werden. Dennoch lohnt es sich frühestmöglich an das Problem heranzugehen und nach Lösungen zu suchen, bevor aus der Differenz ein Konflikt wird.

Doch was kann ich tun, wie verhalte ich mich? Gibt es Hilfsmittel, mit denen sich Konflikte vermeiden oder eindämmen lassen?

checkliste

Ich habe einen Konflikt mit:
_____

Dieser Konflikt ist:

☐ heiß ☐ kalt

☐ latent ☐ offen

☐ formgebunden ☐ formfrei

☐ Wertekonflikt ☐ Sachkonflikt

☐ Verteilungskonflikt ☐ Rollenkonflikt

☐ Beziehungskonflikt ☐ Zielkonflikt

☐ Wahrnehmungskonflikt

Dieser Konflikt besteht seit:
_____

Meine Position im Konflikt:
_____

Mein Interesse im Konflikt:
_____

Meine Gefühle:
_____

Die Position der Gegenseite:
_____

Das Interesse der Gegenseite:
_____

Was ich nicht gefragt habe:
_____

Was ich nicht gesagt habe:
_____

Was ich tun werde:
_____

Bis wann ich es tun werde:
_____

interview

Früher bin ich mit meinen Äußerungen oft bei anderen angeeckt. Jetzt kenne ich die Werkzeuge, die mir helfen, mich so verständlich zu machen, dass das nicht mehr passiert. Und seit ich nicht mehr miss-verstanden werde, stecke ich seltener in Konflikten. Und wenn es doch mal wieder so weit ist, komme ich zumindest leichter heraus als früher.

AUTHENTISCH KOMMUNIZIEREN

Wie oft haben Sie schon den Satz gehört: »Aber das habe ich doch gar nicht so gemeint«? Es ist geradezu üblich, anderen die Schuld für Miss-verständnisse zu geben. In manchen Unternehmen kann man beispielsweise einen grinsend-rauhen Umgangston erleben, mit dem die Mitarbeiter sich gegenseitig traktieren. Wenn man dann neu in ein solches Unternehmen kommt und zeigt, dass man den vorherrschen-den übergreifenden Ton nicht mittragen will,

gilt man einfach als jemand, der keinen Spaß versteht. Und viele kommen dann tatsächlich ins Grübeln, ob an ihnen etwas verkehrt ist. Kommunikation läuft aber anders: Das Ergeb-nis einer Kommunikation ist nämlich nicht das, was der Sender einer Nachricht vielleicht gemeint haben mag, sondern das, was der Empfänger der Nachricht versteht. In aller Regel und entgegen der weit verbreiteten Mei-nung ist also der Sender für entstehende Missverständnisse verantwortlich. In den folgenden Abschnitten erhalten Sie Hinweise darauf, was Sie als Sender oder auch als Empfänger tun können, damit Gespräche glücken.

Genaue Sprache

Die Sprache ist ein vielseitiges Instrument – dementsprechend gezielt kann man sie zur Konfliktvermeidung und -schlichtung einsetzen. Mit Sprache kann man beispielsweise verführen und manipulieren. Für Ihre Fähigkeit, Konflikte zu lösen, ist es aber von großer Bedeutung, dass Sie sich einer Sprache bedienen, die nicht manipuliert und nicht verführt. Darüber hinaus gibt es noch eine ganze Reihe anderer Sprachregeln, die Ihnen helfen können, sich leichter und gezielter zu verständigen.

Ich statt du
Sie sind in einer Konfliktsituation und sprechen mit Ihrem Konfliktgegner. Sie möchten ihm auseinander setzen, wie sein Verhalten auf Sie gewirkt hat. Benutzen Sie in diesem Fall Ich-Botschaften anstelle von Du-Sätzen. Vermeiden Sie wenn möglich Aussagen wie »Du hast … gemacht« und ersetzen Sie diese durch eine Beschreibung Ihrer eigenen Gefühle und Reaktionen. Versuchen Sie, Ihre Empfindungen ohne einen anklagenden Unterton mitzuteilen. Am besten geht das, indem Sie mikroskopisch genau die Wahrheit über Ihre Gefühle ausdrücken. Wenn Sie die Aussage »Du hast mich vorhin verletzt« durch »Seitdem du das vorhin gesagt hast, fühlt sich mein Brustkorb eng an, ich habe einen Druck hinter den Augen und eben dachte ich, am liebsten würde ich jetzt

woanders sein«, ersetzen, hat die Aussage eine ganz andere Qualität. Sie erlaubt es Ihnen und Ihrem Gegenüber, die Kommunikation fortzusetzen, ohne sich in immer neue und tiefere Schichten der Auseinandersetzung zu begeben.

Offen und ehrlich
Stellen Sie offene Fragen, also solche, die nicht nur »Ja« oder »Nein«, sondern differenzierte Äußerungen zulassen. Natürlich beinhaltet das auch, dass Sie den Aussagen Ihres Gegenüber intensiv und aufmerksam zuhören. Sagen Sie nur Dinge, die Sie auch meinen. Sagen Sie beispielsweise nicht: »… tut mir Leid«, wenn Ihnen nichts Leid tut. Drücken Sie so genau wie möglich aus, wie Sie sich fühlen und was Sie empfinden.

Fördern Sie gezielt die Kommunikation!
Benutzen Sie Kommunikationsförderer anstelle von Kommunikationssperren. Unter Ersterem versteht man ehrlich gemeinte positive Beziehungsbotschaften (z. B. »ich vertraue Ihnen«, »ich respektiere Sie« oder »ich bin offen zu Ihnen«), wertschätzende Sprache durch Einsatz von Anerkennung und Bitten (z. B. »Helfen Sie mir bitte: Was genau ist jetzt unklar geblieben?«) sowie das Unterstreichen von Gemeinsamkeiten (z. B. »Gut, dass Sie das ansprechen, dieser Punkt erscheint mir ebenfalls sehr wichtig«). Vermeiden Sie Kommunikationssperren wie Verallgemeinerungen, Befehle, Beschuldigungen, unerbetene Ratschläge sowie ironische und sarkastische Äußerungen.

checkliste

So wird Kommunikation authentisch

Ich statt du
- ✔ nicht anklagen
- ✔ eigene Reaktionen beschreiben

Offen und ehrlich
- ✔ geschlossene Fragen (ja/nein als Antwort) zur reinen Informationsgewinnung
- ✔ offene Fragen stellen
- ✔ Floskeln vermeiden
- ✔ Tut es Ihnen wirklich Leid, wenn Sie sagen, es täte Ihnen etwas Leid?

So fördern Sie die Kommunikation
- ✔ zeigen Sie, dass Sie zuhören
- ✔ zeigen Sie, dass Sie mehr hören möchten
- ✔ sagen Sie es, wenn Sie nicht mehr zuhören können oder wollen
- ✔ positive Beziehungsbotschaften
- ✔ wertschätzende Sprache
- ✔ Anerkennung zeigen
- ✔ Unterstreichen von Gemeinsamkeiten
- ✔ keine abwertenden Äußerungen, kein Sarkasmus, keine Ironie, keine Ratschläge

Achten Sie auf Genauigkeit
- ✔ Es gibt nicht nur »ja« und »nein«, sondern auch »ich weiß es nicht« und »darüber muss ich nachdenken«.
- ✔ Manchmal ist eine Frage zu klein für ihre Antwort. (»Möchtest du Eis oder Pudding?« »Ich möchte Kartoffeln.«)

Achten Sie auf Genauigkeit!

Sorgen Sie dafür, dass Ihre Sprache realistisch und authentisch ist. Weit verbreitet ist beispielsweise zu sagen: »Ich werde den Zug um fünf nach eins nehmen«. Keiner denkt sich etwas bei einem solchen Satz. Wenn man ihn sich jedoch genauer ansieht, merkt man, dass er keinen Fakt, sondern ein Vorhaben beschreibt. Richtiger müsste dieser Satz also lauten: »Ich habe vor, den Zug um fünf nach eins zu nehmen«. Damit beschreiben Sie klar einen Plan – bei dem schließlich immer etwas dazwischenkommen kann. Das entspricht der Realität. Ein anderes Beispiel: »Ich habe mir gestern die Finger wund gewählt, um dich telefonisch zu erreichen, aber es war immer besetzt«. Auch hier ist die Realität höchstwahrscheinlich eine andere: Sie haben zum Beispiel zwischen vier und sechs Uhr achtmal die Nummer der betreffenden Person gewählt. Eine der Realität angemessene Sprache würde genau diesen Sachverhalt ausdrücken. Das könnte sich so anhören: »Ich habe dich gestern zwischen vier und sechs Uhr achtmal angerufen, aber es war jedes Mal besetzt«. Finden Sie das spitzfindig?

Natürlich weicht dieser Sprachgebrauch deutlich von dem ab, was als normale Umgangssprache wahrgenommen wird. Er wird zuerst zwar als gewöhnungsbedürftig empfunden, aber er ist genau und man kann sich darin üben. Und je geübter man darin ist, umso natürlicher erscheint er einem. Hinzu kommt, dass dieser Sprachgebrauch langfristig nur Vorteile für Sie hat: Die Menschen um Sie herum glauben das, was Sie sagen, weil Sie damit die Realität authentisch beschreiben.

das kommunikationsdreieck

So lange wir von unseren Personas aus, sozusagen mit eingeschaltetem Autopilot, kommunizieren, können wir nur drei mögliche Positionen einnehmen: die des Retters, des Opfers oder des Täters. Die meisten Menschen springen munter zwischen den drei Positionen hin und her, haben aber dennoch gewisse Vorlieben für die eine oder andere Ecke dieses Dreiecks. Achten Sie einmal im täglichen Leben darauf: Wenn Sie in der Cafeteria hören, wie jemand laut erzählt, was ihm heute schon alles Schreckliches passiert ist, dann können Sie sich leicht ausmalen, dass Sie es hier mit jemandem zu tun haben, der gerade die Rolle des Opfers spielt. Wenn Sie dann noch hören, dass dieselbe Person – als strikter Nichtraucher – nun schon zum dritten Mal in Folge mit einer starken Raucherin liiert ist, können Sie vermuten, dass der Betreffende neben seinem Opfer-Zug, der auch hier durchkommt, starke Retter-Anteile spielen lässt.

Jemand, der sich ausdauernd darüber beschwert, dass die Leute einfach nicht Auto fahren können und dass er nicht verstehen kann, wie man solchen Idioten den Führerschein geben kann,

befindet sich wohl eher in der Rolle des Täters. Mit wirklicher Kommunikation hat das alles wenig zu tun, es sind eher Spiele, die hier gespielt werden. Diese Spiele sind so magnetisch anziehend, dass es den meisten Menschen schwer fällt, sich ihnen dauerhaft zu entziehen.

Was macht dieses Spiel so anziehend? Zum einen ist es das Gefühl dazuzugehören und auf einfache Weise etwas Zustimmung, Beteiligung und Interesse erheischen zu können. Zum anderen sind es vor allem Glaubenssätze und Erwartungen, die jeden von uns immer wieder dazu bringen, in diesem Spiel mitzuspielen. Doch ist es möglich, dieses Spiel zu beenden?

Tatsächlich ist es so, dass nur wenige es beenden können. Doch man kann nach und nach ein wachsendes Gespür dafür entwickeln, wann man sich selbst und wann andere sich in welchen Rollen befinden. Je früher man bemerkt, dass man in einer solchen Dreieckposition feststeckt, umso leichter kann man aussteigen und zu einer authentischen Kommunikation zurückkehren.

Aktives Zuhören

Die Maxime des aktiven Zuhörens heißt: erst verstehen, dann verstanden werden. In der Praxis bedeutet das, die Äußerungen des Gegenübers genau aufzunehmen und das Gehörte zusammenfassend zurückzuspiegeln.

Wie gehe ich vor?

Grundvoraussetzung ist, dass Sie Ihrem Gegenüber Ihre volle Aufmerksamkeit schenken. Stellen Sie deshalb sicher, dass Sie während des Gesprächs nicht gestört werden, schalten Sie also auch Telefone und Handys ab.
Zu Beginn des aktiven Zuhörens beschränken Sie sich darauf, Sachverhalte genauestens auf-

> Aktives Zuhören bedeutet, sich immer wieder zu versichern, dass das Gehörte tatsächlich dem entspricht, was mein Gegenüber ausdrücken möchte.

 vorteile

✔ Sie haben durch das aktive Zuhören die Chance zu verstehen, was die Anliegen und Beweggründe Ihres Gegenübers sind.

✔ Sie zeigen durch aktives Zuhören, dass Sie Ihr Gegenüber unbedingt verstehen wollen und öffnen ihm damit in aller Regel die Möglichkeit, selbst ebenfalls zu verstehen. Beachten Sie bitte: Verstehen heißt nicht zustimmen! Es schadet nicht, wenn Sie versuchen, zu verstehen.

✔ Sie ermöglichen sich und Ihrem Gegenüber, auf die Interessen und Motive zu sprechen zu kommen, die hinter den Positionen der Konfliktparteien stehen(siehe Seite 51).

✔ Doch warum sollen ausgerechnet Sie anfangen zu verstehen, wo Ihr Konfliktgegner sich doch so uneinsichtig zeigt. Falls Sie so denken, könnte es sein, dass nicht Sie den Konflikt haben, sondern der Konflikt Sie.

✔ Vertrauen erzeugt Vertrauen. Ein Gärtner kann nicht zu seinen Blumen sagen: »So, jetzt wachst mal schön, dann will ich euch auch gießen«. Er muss die Blumen erst gießen.

zunehmen. Bitten Sie Ihr Gegenüber nach einigen Sätzen um eine kleine Pause und geben Sie nun wieder, was Sie gehört haben. Fragen Sie, ob Ihre Zusammenfassung korrekt ist. So vermeiden Sie Missverständnisse. Wenn nicht, bitten Sie darum, die für Sie nach wie vor unklaren Aspekte noch einmal darzulegen. Anschließend fassen Sie die korrigierte Passage noch einmal zusammen. Wiederholen Sie dieses Hören und Wiedergeben, bis Sie die Zustimmung Ihres Gegenübers für Ihre Zusammenfassung haben. Suggestivfragen oder provozierende Fragen haben mit aktivem Zuhören nichts zu tun und leisten keinen Beitrag zu einer Konfliktlösung.

So sieht aktives Zuhören aus

Ein Dialog auf der ersten Stufe könnte sich zum Beispiel folgendermaßen anhören:
B: »Einen Moment, bitte. Ich habe Sie eben sagen hören, dass der Vertrag heute unterschrieben werden muss, sonst reisen Sie gleich ab. Ist das so richtig?«
A: »Nein, das stimmt so nicht. Ich kann nur nicht ewig warten, bis der Vertrag unterschrieben ist, denn danach geht die Arbeit für mich ja erst richtig los. Und Sie wissen doch selbst, unter welchem Zeitdruck das Projekt steht.«
B: »Also, ich verstehe jetzt, dass Sie nicht gleich abreisen werden, wenn der Vertrag nicht heute unterschrieben wird, dass Sie es allerdings eilig haben, weil nach Vertragsabschluss viel Arbeit auf Sie zukommt und das Projekt unter enormem Zeitdruck steht. Ist das so richtig?«
A: »Ja, genau.«
Vielleicht kommt Ihnen und Ihrem Gesprächspartner dieses Vorgehen zunächst fremd vor.

aktiv werden

Übung macht den Meister

Sie können mit der Methode des aktiven Zuhörens wirklich überraschende Ergebnisse erzielen, aber wohlgemerkt: Diese Art des Zuhörens ist keine hohle und beliebige Technik, sondern erwächst aus der Absicht, zu verstehen und zur Konfliktlösung beizutragen. Üben Sie das aktive Zuhören mit einer Person, der Sie vertrauen, damit Sie sich sicher fühlen, diese Methode im Konfliktfall einsetzen zu können.

Bitten Sie in diesem Falle Ihr Gegenüber um Geduld und erklären Sie ihm, worum es Ihnen bei diesen Fragen geht.

Emotionale Botschaften aufnehmen

Nachdem Sie mit dieser Art des aktiven Zuhörens vertraut sind, können Sie noch einen Schritt weitergehen und auch Bezug nehmen auf die emotionalen Botschaften, die Sie wahrnehmen. Sie können neben Ihrer sachlichen Zusammenfassung beispielsweise sagen: »Das hört sich für mich so an, als ob Sie darüber wirklich wütend/traurig/ärgerlich gewesen sind, stimmt das?« In den allermeisten Fällen wird Ihr Gegenüber darauf eingehen können und Ihnen von seinen Empfindungen berichten. Durch die Vorgehensweise des aktiven Zuhörens, also »hören – wiedergeben – Zustimmung einholen«, gehen Sie sicher, auch die emotionale Position Ihres Gegenübers genau zu erfassen.

Nehmen Sie das Feedback-Angebot nur an, wenn Zeitpunkt und eigene Verfassung stimmen.

Feedback

»Feedback« ist der neudeutsche Ausdruck für Rückmeldung, und »Feedback geben« bedeutet dementsprechend, einer anderen Person mitzuteilen, wie man sie erlebt. Diese Technik gibt uns die Möglichkeit, Selbst- und Fremdbild miteinander zu vergleichen und dadurch zu erfahren, wie wir mit unserem Verhalten tatsächlich auf andere wirken.

Auf Feedback reagieren

Wie Sie gutes Feedback geben, finden Sie im nebenstehenden Tipp-Kasten. Doch wie verhalten Sie sich, wenn Ihnen jemand Feedback geben möchte? Auch hierfür gibt es einige Regeln, die es Ihnen und Ihrem Gegenüber erleichtern, sich auf dieser Ebene auszutauschen.

→ Überlegen Sie, ob Sie in diesem Moment tatsächlich ein Feedback erhalten wollen. Wenn nicht, dann äußern Sie das und machen einen konkreten Termin dafür aus.

→ Wenn Sie einverstanden sind, geben Sie Ihre Bereitschaft zum Zuhören zu erkennen. »Ja, O.K., schieß los.«

→ Verteidigen Sie sich nicht, auch wenn Sie sich angegriffen fühlen. Ein Beispiel: »Stimmt, der Tank war fast leer«, statt: »Ich hatte kein Geld dabei«.

→ Argumentieren Sie nicht. »Es war schon so spät, und ich war müde und hatte kein Geld dabei, ich hätte erst nach Hause fahren müssen, um Geld zu holen, und dann noch mal zum Tanken fahren müssen, das wäre einfach zu viel gewesen, schließlich musste ich heute auch früh raus.«

→ Fassen Sie das Feedback/die Kritik zusammen. Dann können Sie überprüfen, ob Sie Ihr Gegenüber richtig verstanden haben. Ein kurzes Beispiel: »Ich habe verstanden, dass Sie mit dem Ergebnis meiner Arbeit zufrieden sind, aber nicht damit, wie ich den Arbeitsplatz und das Werkzeug in Ordnung halte.«

→ Geben Sie Feedback über das Feedback. Geben Sie dem Feedback-Geber eine Reaktion, damit er weiß, was nützlich war und was nicht. Beispiel: »Ich verstehe jetzt, dass Ihnen auch Ordnung wichtig ist, nicht nur das Arbeitsergebnis. Bisher habe ich gedacht, das wäre Ihnen egal. Da ich das jetzt weiß, werde ich mehr auf Ordnung achten.«

gutes feedback ist …

… konkret, im Gegensatz zu allgemein. Das heißt man gibt Rückmeldung auf beobachtete Verhaltensweisen und Ereignisse und sagt beispielsweise nicht: »Du machst immer …«. »Als du das Auto gestern zurückgebracht hast, stand die Tankanzeige auf Reserve.«

… beschreibend, im Gegensatz zu bewertend. Indem man seine eigene Reaktion beschreibt und moralische Bewertungen vermeidet, überlässt man es dem anderen, diese Informationen zu verwenden – oder auch nicht. Beispiel: »Ich bin dann heute als Erstes zum Tanken gefahren und habe mich darüber geärgert, denn ich hatte es eigentlich eilig.«

… angemessen: Angemessenes Feedback berücksichtigt die Bedürfnisse aller beteiligten Personen und greift ihr Selbstwertgefühl nicht an. »Sie haben diese Arbeit sehr gut gemacht. Das gefällt mir. Zwei Anmerkungen habe ich allerdings noch zu machen, obwohl ich weiß, dass Sie bis spät abends mit der Arbeit beschäftigt waren …«

… brauchbar: Das Feedback muss sich auf Verhaltensweisen beziehen, die der Empfänger zu ändern fähig ist. Wenn jemand auf Unzulänglichkeiten aufmerksam gemacht wird, an denen er selbst nichts ändern kann, fühlt er sich nur frustriert und angegriffen. Das Beispiel des nahezu leer gefahrenen Tanks erfüllt die Forderung nach Brauchbarkeit. Ein Hinweis auf körperliche Behinderungen erfüllt sie hingegen nicht.

… zum richtigen Zeitpunkt: Man gibt ein Feedback möglichst kurz nach dem Verhalten, auf das sich das Feedback bezieht. Aber denken Sie daran: Feedback nicht zwischen Tür und Angel geben, nehmen Sie sich Zeit.

… als Ich-Botschaft formuliert: Verdeutlichen Sie, dass Ihr Feedback Ihren eigenen, persönlichen Eindruck wiedergibt und keinen Anspruch auf Allgemeingültigkeit erhebt. Beispiel: »Ich empfinde es als behindernd, wenn ich morgens nicht alle Werkzeuge an ihrem Platz vorfinde.«

… ehrlich: Geben Sie nur dann Feedback, wenn Sie es ohne Hintergedanken tun können. Geben Sie ausschließlich Rückmeldungen, die Vertrauen aufbauen und Vertrauen verdienen. Wenn Sie beispielsweise beabsichtigen, jemandem negatives Feedback zu geben, weil derjenige Sie vorher geärgert hat und Sie es ihm nun heimzahlen wollen, verkneifen Sie sich das besser.

interview

Menschen, die bereit sind, sich ständig weiterzu-
entwickeln, haben nach meiner Beobachtung ein ge-
lösteres Verhältnis zu Konflikten als andere. Sie
haben weniger Konflikte und gleichzeitig auch weniger Angst davor, in einen hineinzugeraten. Sie können meistens durchsetzen, was sie wirklich wollen
und haben keine Schwierigkeit damit, Positionen
loszulassen, die sinnlos geworden sind.

PRÜFEN SIE IHRE KERN-KOMPETENZEN

Es gibt einige Werkzeuge mit deren Hilfe Sie Konflikte einfacher lösen können und die man durchaus als »Werkzeugkoffer« für Konflikte bezeichnen kann. Bevor Sie darauf zurückgreifen können, müssen Sie diese erwerben und – bildlich gesprochen – in den Werkzeugkoffer hineinlegen. Zu diesen Werkzeugen gehört ein Wissen um unsere eigene Person, aber auch die Fähigkeiten, Betrachtungsperspektiven zu wechseln und den Ärger loszulassen und quasi abzuschütteln. Außerdem hilft uns richtiges Atmen dabei, mit unseren Gefühlen adäquat umzugehen und schließlich unterstützt uns unser Wissen um das Wesen der Verantwortung darin, verschiedenste Konflikte erfolgreich zu lösen.

Selbst-Bewusstsein

Wenn wir beschreiben sollen, was wir im täglichen Leben unter Selbstbewusstsein verstehen, kommt meist dabei heraus, dass es sich um eine Mischung aus Durchsetzungskraft und Stolz handelt.

In unserem Zusammenhang ist allerdings etwas anderes damit gemeint, und daher auch die Schreibung mit Bindestrich. Gemeint ist ein Bewusstsein seiner selbst zu haben, was nichts anderes bedeutet, als sich selbst zu kennen. Dieses Bewusstsein bezieht sich nicht auf äußere Faktoren, sondern eben auf das Innerste und Persönlichste. Der Bereich des Selbst-Bewusstseins beinhaltet, wie man unter Stress reagiert, welche Rollen man am liebsten spielt, wann und wie man beleidigt ist, welche Denkmuster in uns ablaufen und vieles mehr. Sie sehen schon: Diese Art von Bewusstsein hat nicht zur Folge, dass man sich als jemand fühlt, der im Gegensatz zu seinen Mitmenschen ganz besonders viel wert ist, sondern einfach, dass man eine wachsende Ahnung davon hat, wer man tatsächlich ist.

Man lernt nie aus

In diesem Sinne ist Selbst-Bewusstsein eine authentische Grundlage dafür, andere Menschen wirklich akzeptieren – und lieben – zu können. Die Erlangung von Selbst-Bewusstsein gleicht einem Weg, der niemals endet – ganz im Gegensatz zu einem Zustand, den man erlernt und der dann einfach da ist (zum Beispiel Fahrrad-Fahren-Können). Dieser Weg ist nicht immer leicht und man kommt auch schnell von ihm ab. Doch er ist, wenn man ihn kennen gelernt hat, ohne Alternative und voll mit reichem Lohn. Der Lohn besteht – auf das Thema dieses Buches bezogen – beispielsweise darin, wesentlich weniger Konflikte zu haben als je zuvor und dabei gleichzeitig konfliktfähiger zu werden.

Es gibt viele Möglichkeiten, sich selbst zu erkunden, und dieses Buch ist erwiesenermaßen nur insoweit hilfreich, als dass es Anstöße geben kann. Sie können auf diesem Weg allerdings sehr viel weiterkommen, indem Sie Angebote zur Persönlichkeitsentwicklung wahrnehmen, die in jeder Stadt zahlreich angeboten werden: Dazu gehören Gesprächskreise, Gesprächstherapien, Kommunikationstrainings für Mitarbeiter und Führungskräfte, NLP-Ausbildungen (Neurolinguistisches Programmieren), Familienaufstellungen nach Hellinger, Aqua-Balancing, Living University und vieles andere mehr.

Wer beruflich und dadurch auch zeitlich recht eingeschränkt ist, kann im Rahmen eines Coachings – den richtigen Coach vorausgesetzt – einiges erreichen.

Ein erster Schritt:
Erkunden Sie Ihre Personas

Bereits in frühester Kindheit beginnen wir die Rollen einzustudieren, die später unser Überleben sichern. Diese Rollen, die wir »Personas« nennen (siehe auch Seite 10), können vielfältige Formen, wie zum Beispiel Klassenclown, Kleiner Professor, Vorwitz, Prinz auf der Erbse, Einsamer Cowboy, Dramakönig, Aufpasser, Märtyrer, Rebell, Aufmunterer, Perfektionist, Buchhalter, Bulldozer, Feuerwehrmann, Chef etc. annehmen.

welche personas bevorzugen sie?

Erforschen Sie Ihre bevorzugten Rollen, indem Sie folgende Fragen beantworten:

✔ **Welche Rollen spiele ich, die mir nutzen?**
Wenn Sie nicht wissen, wie Sie sich diesem Thema annähern können, dann denken Sie an Ihre Kindheit: Wie haben Ihre Eltern Sie genannt? Wie Ihre Klassenkameraden? Wie würden Ihre Spiel- und Schulkameraden von damals Sie nennen? Im Anschluss überlegen Sie, welche dieser Rollen Sie auch heute noch – gern oder ungern – spielen. Notieren Sie sich das Ergebnis.

✔ **Wie müssen sich die Menschen um mich herum verhalten, damit ich diese Rollen spielen kann?**
Zum Beispiel können Sie die Rolle des Lehrers nur dann spielen, wenn es auch »Unwissende« gibt, und die des Helfers nur, wenn es auch »Hilflose« gibt.

✔ **Welche Rollen spiele ich, die mir eher schaden?**
Die Rolle des einsamen Cowboys beispielsweise verhindert, echte, tiefe Verbindung zu anderen Menschen aufzunehmen und Liebe zu erfahren.

✔ **Wie müssen sich die Menschen um mich herum verhalten, damit diese Rollen auftauchen?**
Die meisten unserer Rollen werden durch das Vorhandensein anderer Menschen »getriggert«. Beispielsweise wird das Opfer in uns herausgefordert, wenn Menschen in unserer Nähe bereit sind, uns zu bedauern.

Klassenclown oder Aufmunterer? Selten ist eine »Maske« so offensichtlich wie hier. Gute Freunde werden Ihre Rollen aber immer durchschauen.

With a little help from my friends

Gute Freunde können Sie durchaus danach fragen, welche Rollen sie bei Ihnen sehen und welche passenden Rollen sie selbst dazu spielen. Wenn Sie Freunde haben, mit denen Sie über solche Dinge gern reden mögen, können Sie auch noch einen Schritt weitergehen: Versuchen Sie doch einmal, die Rollen des jeweils anderen zu verstehen.

Am besten geht das, wenn eine Person den Bildhauer spielt, die andere Person die Statue. Der Bildhauer »formt« jetzt die Statue, bis sie eine Haltung einnimmt, die eine der Rollen des Bildhauers nach dessen Meinung gut ausdrückt. Im nächsten Schritt bringt der Bildhauer der Statue bei, sich zu bewegen und Geräusche zu machen, beides im Einklang mit der Rolle des Bildhauers, um die es geht. In dieser Situation, die im Übrigen sehr viel Spaß machen kann, gibt es für beide Seiten etwas zu lernen: Die Statue lernt, den Bildhauer wirklich zu begreifen und der Bildhauer lernt, wie er von außen »aussieht«. Dies ist ein spannendes Spiel, das in einer Gruppe noch mehr Spaß macht. Es kann Ihnen dazu verhelfen, sich mit spielerischer Leichtigkeit über Ihre Rollen und speziellen Eigenarten klar zu werden.

Der Mensch spielt Rollen und er wird es immer tun. Auch wenn wir uns bemühen, immer echt und wir selbst zu sein – der Autopilot schaltet sich doch immer wieder ein. Seien Sie sich deswegen nicht böse. Spielen Sie Ihre Rollen mit Spaß und Inbrunst, aber schlüpfen Sie bewusst wieder aus ihnen heraus, wenn Sie genug davon haben.

Mehr als nur Psycho-Spielerei

Vielleicht sind Sie der Meinung, diese Psycho-Spielchen sind zwar schön und gut, aber damit kann man im Berufsleben keinem kommen, da man sich damit nur lächerlich macht.
In modernen Unternehmen gilt das schon lange nicht mehr. Im Gegenteil, heute kann man beobachten, dass gerade die Führungsetagen – je hochkarätiger umso mehr – für Maßnahmen zur Persönlichkeitsentwicklung aufgeschlossen sind. Kein Wunder, haben sie doch erkannt, dass durch Konflikte und schlechte Kommunikation viel Geld und Zeit verschwendet wird und dass Mitarbeiter in ihrer Entwicklung gefördert werden müssen, wenn das Unternehmen dauerhaft erfolgreich sein soll.

Filter

Wenn wir einem anderen Menschen zuhören, der zu uns spricht, so hören wir einzelne Aspekte seiner Nachricht wesentlich deutlicher als andere, manche gehen uns möglicherweise ganz verloren. Man sagt auch: »Auf dem Ohr hört er besonders (oder gar nicht) gut.« Wir sind also, ohne es selbst zu bemerken, darauf fokussiert, einer Nachricht bestimmte Aspekte zu entnehmen. Was es ist, das wir hören oder nicht hören wollen, bestimmt die Art dieser Filter.

Zuhörfilter kennen

Die meisten Menschen verfügen über eine gewisse Anzahl so genannter Zuhörfilter, die eng mit den jeweils bevorzugten Rollen beziehungsweise Personas zusammenhängen.
Hören mit Zuhörfilter bedeutet, nicht um des Verstehens willen zuzuhören, sondern um beispielsweise …

→ zu prüfen, ob man gemocht wird.
→ zu prüfen, wie der andere sich darstellt.
→ zu prüfen, was man tun soll.
→ die eigene Neugier zu befriedigen.
→ zuzustimmen.
→ die eigene Meinung zu bestätigen.
→ Späße anzubringen.
→ sich beliebt zu machen.

Wenn also jemand als Persona die des Klassenclowns bevorzugt, wird sein Zuhörfilter dazu dienen, Späße anzubringen. Wer vorwiegend als Opfer agiert, wird zuhören und prüfen, was er tun soll und wie er weiter Opfer sein kann. Zuhörfilter können aber auch ernsthaft am Verstehen hindern, da beim Herausfiltern der gewünschten Informationen der eigentliche

Inhalt der Aussage verloren geht. Daher ist es wichtig, sich diese eigenen Filter bewusst zu machen. Prüfen Sie Ihre Filter und testen Sie, »auf welchem Ohr« Sie am besten hören.

Sprechfilter kennen

Das Gegenstück zu diesen Zuhörfiltern sind Sprechfilter, mit denen wir das, was wir sagen wollen, verkleiden. Bezogen auf das Beispiel unten könnten angewendete Sprechfilter die Antwort so aussehen lassen: »Fährst du oder fahre ich?« oder »Möchtest du lieber selbst fahren?« oder »Fahr doch selbst« oder »Jaja«. Auch hier gibt es viele Möglichkeiten.

Ein Satz ist nicht gleich ein Satz – mit entsprechenden Filtern können Sender und Empfänger völlig unterschiedliche Botschaften senden und empfangen.

→ beispiel

Stellen Sie sich vor, Sie fahren mit einem Beifahrer Auto. Sie sitzen am Steuer. Der Beifahrer sagt: »Da vorne ist rot.« Das ist zunächst eine klare Aussage. Und was hören Sie heraus?

Hören Sie: »Da vorne ist eine rote Ampel«? Dann hören Sie nahezu ausschließlich auf dem Sach-Ohr. Hören Sie: »Fahre etwas aufmerksamer, ich habe das Gefühl, dass du nicht alles siehst, was wichtig ist«? Dann ist Ihr Appell-Ohr aktiv.

Hören Sie: »Wenn ich nicht auf alles selber achte …«? Dann sind Sie mit dem Selbstdarstellungs-Ohr dabei. Hören Sie: »Du bist doof und unaufmerksam und könntest ohne mich noch nicht mal richtig Autofahren«?, dann ist Ihr Beziehungs-Ohr am Wirken.

Erkunden Sie Ihre Filter und lernen Sie sich dadurch selbst kennen. Benutzen Sie dazu vorerst folgende Beispiele:
→ Eine Frau sagt zu ihrem Mann: »Wir müssen mal wieder den Rasen mähen.«
→ Ein Mann sagt zu seiner Frau: »Ich habe für heute Abend die Schmidts eingeladen.« Notieren Sie sich, was Sie hören, suchen Sie nach den von Ihnen benutzten Filtern und geben Sie diesen aussagekräftige Namen. Machen Sie sich dieser Filter auch für später bewusst.
Natürlich können Sie zur Erkundung Ihrer Hör- und Sprechfilter auch gute Freunde befragen oder mit ihnen gemeinsam auf »Forschungsreise« gehen. Achten Sie auch einmal im Alltag darauf, welche Filter Sie gerade angelegt haben und machen Sie sich diese immer wieder bewusst.

Perspektivenwechsel

Wer kommunizieren und mit Konflikten umgehen will, muss jederzeit die Perspektive wechseln können. Gemeint ist damit die Fähigkeit, aus der eigenen Haut heraus zu können, die Welt bei Bedarf aus der Sicht eines anderen oder zumindest aus einer anderen Sicht als der bisherigen zu sehen.

aktiv werden

Eignen Sie sich den Perspektivenwechsel an – Sie können dann ...

✔ wesentlich besser kommunizieren, weil Sie in der Lage sind, sich in andere Menschen hineinzuversetzen.

✔ jede Diskussion beleben, weil Sie sich jederzeit in die Rolle des Advocatus Diaboli begeben können, d. h., Sie können um der Sache willen mit Ihren Argumenten die Gegenseite vertreten, ohne selbst zur Gegenseite zu gehören.

✔ mit Konflikten, die Sie selbst haben oder die in Ihrem Umfeld vorkommen, wesentlich besser umgehen, weil Sie fähig sind, verschiedene Seiten zu sehen. Dadurch können Sie eine souveräne Haltung einnehmen.

Die Fähigkeit zum beliebigen Wechsel der Perspektive erlangen wir nicht von heute auf morgen und auch nicht durch den bloßen Vorsatz, andere zukünftig besser zu verstehen. Hier heißt es üben und sich immer wieder bewusst machen, dass die eigene Sicht der Welt eben nur eine Sicht unter vielen ist und dass es bereichernd sein kann, andere Weltsichten zu verstehen und nachzuempfinden.

Fassen Sie also den Perspektivenwechsel als Ziel auf, zu dem hin ein Weg führt, auf dem man einfach geht, ohne sich andauernd zu fragen, wann man denn endlich ankommen wird.

Learning by doing

Am einfachsten und schönsten erlernen Sie den Perspektivenwechsel durch bloßes Tun. Sie könnten beispielsweise damit anfangen, Ihre morgendlichen Gewohnheiten zu ändern. Putzen Sie sich einmal die Zähne mit der anderen Hand als der gewohnten. Essen Sie etwas anderes zum Frühstück als normalerweise. Wenn Sie sonst nie frühstücken, nehmen Sie sich einmal Zeit für ein ausgiebiges Frühstück. Oder verkneifen Sie sich das Frühstück, wenn Sie es sonst regelmäßig einnehmen. Falls Sie immer auf den letzten Drücker zur Arbeit kommen, versuchen Sie es einmal umgekehrt. Wie fühlt es sich an, plötzlich mit viel Zeit in der Firma anzukommen? Wie ist es andersherum? Sie könnten auch mal einen gewohnten Weg auf der anderen Straßenseite gehen (auch, wenn er dadurch ein kleines bisschen länger ist) oder zu einem anderen Supermarkt zum Einkaufen fahren oder, oder, oder. Begrenzt werden diese Möglichkeiten, andere Welten kennen zu lernen, nur durch mangelnde Phantasie.

→

aktiv werden

Tipps für den Perspektivenwechsel

✔ Krabbeln Sie mit Ihrem Kind auf den Knien durch die Wohnung – wenn Sie kein Kind im entsprechenden Alter haben, tun Sie es eben einfach so. Wundern Sie sich darüber, was und wie Sie alles wahrnehmen.

✔ Falls Sie die Gelegenheit dazu haben, setzen Sie sich auch einmal in einen Rollstuhl, um zu begreifen, wie die Welt aus dieser Perspektive aussieht.

✔ Beugen Sie sich einmal vornüber und schauen durch Ihre gegrätschten Beine nach hinten, beispielsweise auf einen laufenden Fernseher.

✔ Experimentieren Sie mit Geschwindigkeit. Gehen Sie bewusst einmal schnell, einmal langsam und wechseln Sie immer wieder dazwischen hin und her.

✔ Sprechen Sie mal wieder mit Menschen, mit denen Sie normalerweise kein Wort wechseln.

✔ Erzählen Sie Menschen, die Sie gut kennen, bewusst Dinge, die Sie noch nie jemandem erzählt haben.

✔ Fragen Sie Menschen, die Sie gut kennen, danach, Ihnen Dinge zu erzählen, die sie Ihnen noch nie erzählt haben.

Erschließen Sie neue Potenziale

Wenn es Ihnen gelingt, über eine längere Zeit immer wieder einmal die Perspektive zu wechseln, werden in Ihrem Gehirn nach und nach neue Potenziale freigesetzt. Die Folge: Der Autopilot (siehe Seite 11) wird weniger häufig aktiviert, Sie werden insgesamt empfänglicher für neue Ideen, neues Verhalten und neue Weltsichten.

Der Zusammenhang ist Folgender: Wie Sie bereits im Kapitel über den Autopiloten gelesen haben, arbeitet unser Gehirn (und auch der Körper!) als musterbildendes System. Das bedeutet, dass ein Ereignis, das wir erleben, einsortiert, sozusagen in eine Schublade eingeordnet wird. Man kann sich vorstellen, dass Gehirn und Körper eine Art von »Nervenautobahnen« ausbilden, auf denen der Datenverkehr bevorzugt abgewickelt wird. So kann es passieren, dass jemand, der latente Hüftprobleme hat, diese ganz besonders stark spürt, wenn er unvermutet eine traurige Nachricht zu verkraften hat. Der Grund: Es entsteht ein innerer Schmerz und die »Autobahn« führt diesen teilweise in Richtung Hüftgelenk, das nun zu schmerzen beginnt, obwohl es in keinem anderen Zustand ist als noch ein paar Stunden zuvor. Gleiches kann für Migräne und viele andere Schmerzstellen gelten. Man kennt dafür auch den Begriff »schmerzfrohes Organ«, was nicht heißen soll, dass Schmerzen irgendetwas mit Frohsinn zu tun haben. Zu diesem Organ hin führen eben besonders gut ausgebildete »Nervenautobahnen«.

Wenn Sie den oben beschriebenen Vorschlägen einige Zeit folgen, bewirkt dies einfach, dass Sie mehr unterschiedliche Verhaltensweisen zeigen und die gewohnheitsmäßigen sich verringern. Das führt letztendlich dazu, dass Sie jetzt über zusätzliche »Schubladen« verfügen, in die Ihr sortierendes System die aktuellen Ereignisse ablegen kann. Ihr Spektrum wird erweitert und Sie werden sich außerdem immer leichter damit tun, Zustände zu ertragen, für die Sie bisher noch gar keine Schubladen angelegt hatten.

Lassen Sie Ihren Ärger los

Sie stehen mitten im Konflikt. Sie ärgern sich. Sie wissen aber auch, dass alles Ärgern nichts bringt und es sinnvoller wäre, eine Vogelperspektive einzunehmen, vernünftig zu sein, zu verstehen. All das wissen Sie, und trotzdem ärgern Sie sich einfach.

Vielleicht haben Sie schon einmal bemerkt, dass die Gefühle, die wir am wenigsten haben wollen, gleichzeitig auch jene sind, die uns am hartnäckigsten begleiten. Wie wäre es, sich dem Gedanken zu öffnen, dass unsere negativen Gefühle genau deshalb so hartnäckig bei uns bleiben, weil wir sie möglichst schnell loswerden wollen?

Wenn man diesem Gedanken, so absurd er vorerst klingen mag, folgt, bleibt nur eine Schlussfolgerung: Wir müssen unsere Gefühle erst einmal annehmen, um von Ihnen frei sein zu können. Und so ist es in der Tat.

Urzeitliche Reaktionen ...

Um zu verstehen, müssen wir die Aspekte der Entwicklungsgeschichte des Menschen betrachten. Der Mensch verfügt seit Urzeiten über einen Stress-Mechanismus, die so genannte Kampf-oder-Flucht-Haltung, die schon der Urmensch im Zustand der direkten Bedrohung einnahm. In dieser Haltung wird Adrenalin ausgeschüttet, die Verdauung und alle für Kampf und Flucht nicht relevanten Körperfunktionen werden eingestellt. Der Betreffende bekommt einen auf die Gefahr fixierten »Röhrenblick«, der Körper mobilisiert alle Energiereserven. Der Atem fließt nicht mehr entspannt tief in den Bauch, sondern angestrengt hoch in die Brust, was in Verbindung mit den beschriebenen Körperreaktionen bewirkt, dass Schmerzen und Gefühle nicht mehr wahrgenommen werden.

Obwohl wir heute keinem Säbelzahntiger mehr gegenüberstehen und wir seltener in lebensgefährlichen Situationen bestehen müssen, haben wir Menschen diese Art des Reagierens bis heute beibehalten. Sehen Sie sich doch einmal im Berufsleben oder beim Einkaufen die Menschen genauer an und achten Sie auf ihre Atmung – Sie werden feststellen, dass die Kampf-oder-Flucht-Haltung (und auf jeden Fall die dazugehörige flache Atmung) in unserer heutigen hektischen Welt weit verbreitet ist.

... mit Atmen überlisten!

Wenn immer wir nun in einem Konflikt stehen, bedeutet das Stress für uns – und der Körper schüttet, wie schon seit Urzeiten, eine entsprechende Menge Adrenalin aus. Die Folgen sind eben diese Haltung und diese Atmung, die uns davon abhalten, mit unseren Gefühlen in Kontakt zu sein. Wer also seine Gefühle annehmen will, muss sich entspannen und nicht hoch in die Brust, sondern tief in den Bauch atmen. Das ist am Anfang gar nicht so einfach.

Doch auch das ist relativ schnell erlernbar, wie unsere Anleitung zeigt.

Nehmen wir aber einmal an, Sie wollen sich Ihrem Umgang mit negativen Gefühlen widmen.

1 Entspannen Sie sich und atmen Sie einige Minuten tief in den Bauch.

2 Rufen Sie sich das unangenehme Gefühl, also beispielsweise den Ärger, in Erinnerung. Tun Sie das so gründlich, dass Sie den Ärger deutlich spüren können. Versuchen Sie das Gefühl zu lokalisieren. Wo sitzt es: im Kopf, in der Magengegend, im Nacken oder der Brust?

3 Jetzt richten Sie Ihre konzentrierte Aufmerksamkeit auf dieses Gefühl. Sie können es beschreiben, ihm einen Namen geben. Vielleicht können Sie es sogar dreidimensional wahrnehmen und von allen Seiten ansehen.

4 Jetzt lenken Sie Ihre Zuneigung auf das Gefühl. Manche Menschen finden es in diesem Stadium noch ganz unmöglich, das zu tun. Falls es Ihnen auch so geht, wenden Sie einfach folgenden Trick an: Denken Sie kurz an etwas oder jemanden, das oder den Sie sehr lieben. Fühlen Sie diese Liebe in sich und wenden Sie sich dann wieder dem ungeliebten Gefühl zu. Nehmen Sie bei diesem Wieder-Zuwenden sozusagen ein Stück Liebe mit und übertragen Sie es. Wiederholen Sie das ein, zwei, drei Minuten lang. Spätestens dann werden Sie feststellen, dass die Qualität des Gefühls sich geändert hat. Meistens hat es seine Macht verloren, oft ist es auch einfach ganz verschwunden. Gut möglich, dass es sich nach einiger Zeit wieder meldet. Aber Sie wissen, wie Sie damit umgehen können. Von jetzt an haben Sie Ihre Gefühle im Griff und nicht umgekehrt!

atmen lernen

Der Mensch kann wochenlang ohne zu essen leben, tagelang ohne zu trinken, aber keine sieben Minuten ohne zu atmen. Wir führen ungefähr 25 000 Atemzüge am Tag aus, das sind über neun Millionen Atemzüge im Jahr und ungefähr 700 Millionen im Laufe eines Lebens. Diese Fakten zeigen, welche zentrale Rolle das Atmen in unserem Leben einnimmt. Dennoch achten wir meistens nicht auf unser Atmen – es findet ja schließlich automatisch statt. Die Folge ist, dass wir häufig unbewusst und ineffektiv atmen, was sich unter anderem negativ auf unser Konfliktverhalten auswirkt.

Das Atmen in die Mitte

Diese Technik stammt aus den USA und hat den Vorteil, dass sie in nur etwa 20 Minuten erlernt werden kann. Wer sie allerdings richtig beherrschen möchte, muss regelmäßig üben, am besten jeden Tag. Stoppen Sie sofort, wenn Sie Anzeichen von Verspannungen, Schmerzen oder ein Schwindelgefühl verspüren. Machen Sie erst dann weiter, wenn diese Erscheinungen wieder verschwunden sind.

1. Legen Sie sich auf den Rücken. Ziehen Sie die Knie an, sodass Ihre Füße flach auf dem Boden stehen und legen Sie die Arme neben sich auf den Boden. Nehmen Sie sich etwa eine halbe Minute Zeit und lassen Sie Ihren Körper zur Ruhe kommen. Atmen Sie dabei langsam und ruhig.

2. Beobachten Sie, wie sich Ihre Wirbelsäule bewegt, wenn Sie das Becken langsam vor- und zurückbewegen (im Idealfall sollten sich Wirbelsäule und Becken mit jedem Atemzug leicht bewegen). Drücken Sie nun den unteren Teil des Beckens sanft auf den Boden. Achten Sie darauf, dass sich dabei das Kreuzbein (der hintere, mittlere Teil Ihres Beckens) leicht anhebt. Wechseln Sie nun zwischen Anspannung und Entspannung, indem Sie abwechselnd das Becken sanft auf den Boden drücken und die Spannung loslassen.

3. Drücken Sie langsam das Steißbein auf den Boden. Beachten Sie, dass die Rückenwölbung größer wird, je stärker Sie das Steißbein belasten und dass sich der Beckenboden stärker hebt beziehungsweise kippt. Führen Sie die Bewegungen behutsam und langsam aus.

4. Lassen Sie aus den drei Teilen – Entspannen – Kreuzbein andrücken – Steißbein andrücken – eine fließende, rollende Bewegung Ihres Beckens werden. Die Bewegungen können so subtil sein, dass man sie nicht einmal sieht. Machen Sie diese Übung etwa 30 Sekunden lang.

5. Bringen Sie nun Ihren Atem in diesen Bewegungsablauf hinein. Beim Anheben des Kreuzbeins atmen Sie tief und ruhig ein und füllen Ihren Bauch mit Luft, beim Ablegen lassen Sie den ganzen Atem wieder hinaus. Diese Übung darf Sie nicht anstrengen. Wiederholen Sie die Phasen dieser Übung etwa eine Minute lang. Sobald Sie nicht mehr tief und voll in den unteren Bauchbereich hineinatmen und sich Ihre Wirbelsäule dazu nicht im Einklang wiegt, verlagern Sie Ihre Atmung wieder in die Mitte.

Wer die Atemtechnik beherrscht, kann sie auch im Sitzen und sogar im Stehen anwenden.

Entspannen der Bauchmuskulatur
Wenn Sie Probleme beim Entspannen der Bauchmuskulatur hatten, kann Ihnen Folgendes helfen:
Spannen Sie die Bauchmuskeln beim Ausatmen an. Es handelt sich dabei um die Muskeln, die Sie brauchen, um beispielsweise die Kerzen auf einem Geburtstagskuchen auszublasen. Beim Einatmen entspannen Sie dieselben Muskeln. Beim Ausatmen spannen Sie die Bauchmuskulatur erneut an und drücken den gesamten Atem hinaus. Entspannen Sie dann Ihre Bauchmuskulatur und füllen Sie den freien Raum mit einem tiefen Einatmen. Wiederholen Sie diese Abfolge etwa eine Minute lang. Danach atmen Sie wieder normal.

Verantwortung abzuschieben, löst den Konflikt nicht.
Was zählt, ist Ihr Wille, den Konflikt beenden zu wollen.

Übernehmen Sie Verantwortung!

»Wer hat die Verantwortung für diesen Konflikt? Wer hat damit angefangen? Wer trägt die Hauptschuld am Konfliktgeschehen? Wer muss jetzt den ersten Schritt tun?« Solche und ähnliche Sätze hört man oft, denn sie sind sehr nahe liegend und verschaffen erst einmal etwas »Luft«. Kein Wunder also, dass die meisten Menschen solche Fragen stellen, wenn sie mit einem Konflikt in Berührung kommen.

All diese Fragen haben eines gemeinsam: So nahe liegend sie sind, so wenig sind sie allesamt geeignet, tatsächlich zur Lösung eines Konflikts beizutragen.

Eigentlich gibt es nur eine Frage, die für die Lösung des Konflikts wichtig ist. Sie heißt: »Will ich diesen Konflikt beenden?« Wenn Sie diese Frage mit »Ja« beantworten, übernehmen Sie Verantwortung dafür, das Ihre zur Beendigung des Konflikts beizutragen.

Verantwortung ist jedermanns Sache

Was hat es nun mit dieser Verantwortung auf sich? In unseren westlichen Kulturen ist die Ansicht weit verbreitet, dass Verantwortung etwas Schweres sei, dass man an ihr zu tragen habe, dass manche Menschen, beispielsweise im Beruf, mehr Verantwortung übertragen bekommen, weil sie sich als dafür würdig erwiesen haben. Dass man sich genau überlegen müsse, ob man Verantwortung übernehmen wolle oder nicht. In Wirklichkeit ist jedem Mensch eine ganze Menge Verantwortung gegeben, nämlich die für sein eigenes Leben. Wenn man im Leben nicht nur Beifahrer sein will, sondern aktiv die Richtung bestimmen möchte, muss man sich dieser Verantwortung stellen.

Kurskorrekturen sind an der Tagesordnung

Achten Sie einmal darauf, aber erfolgreiche Menschen handeln dementsprechend – sie wählen bewusst die Richtung, in die sie gehen wollen, und übernehmen die Verantwortung dafür. Wenn diese Menschen merken, dass etwas in ihrem Leben in die falsche Richtung geht, dann versuchen sie nicht, einen Schuldigen dafür zu finden, sondern sie bemühen sich,

aktiv werden

Vergessen Sie die Frage: »Wer hat Schuld?« Fragen Sie sich lieber: »Was will ich wirklich?« und dann: »Was kann ich tun?« Sie werden erleben, dass diese Art, an Probleme und Konflikte heranzugehen, wesentlich kraftvoller und effektiver ist.

wieder die richtige Richtung zu finden: Und damit übernehmen sie Verantwortung.

Sie können sich in jeder Sekunde Ihres Lebens entscheiden, Verantwortung zu übernehmen, ohne Anlass, ohne äußere Belohnung, einfach so. Eine innere Belohnung gibt es allerdings. Sie besteht darin, dass Sie wissen, Quelle Ihrer eigenen Wirklichkeit zu sein. In diesem Wissen liegt eine hohe Energie und ein großes Glück, das auch anderen Menschen nicht verborgen bleibt und oft auch ansteckend wirkt. Wenn Sie also im Konflikt sind: Fragen Sie nicht danach, wer die Verantwortung hat, sondern akzeptieren Sie, diesen Konflikt zu haben. Übernehmen Sie selbst die Verantwortung dafür, ihn zu beenden, ganz gleich, was Sie über die Ursachen der Auseinandersetzung denken.

Natürlich kommt es immer wieder vor, dass man diese Vorgehensweise vergisst, dass man, ohne es recht zu bemerken, in den alten Trott verfällt, indem man wieder nach der Verantwortung anderer ruft und sich auch dieses Mal als Opfer empfindet. Seien Sie nachsichtig mit sich selbst, wenn Ihnen Ihre guten Vorsätze wieder einmal weggelaufen sind. Am besten nehmen Sie Ihre Vorsätze als Ziele, an denen Sie sich immer wieder neu ausrichten können. Hier ein Beispiel, das Mut macht: Denken Sie an ein Schiff, das von Bremerhaven nach New York fährt: Über 95 Prozent der Fahrtzeit befindet es sich nicht auf dem richtigen Kurs, der Bug zeigt sonst wohin, nur nicht nach New York. Aber dadurch, dass der Kapitän das Ziel im Bick behält und immer wieder Kurskorrekturen vornimmt, erreicht das Schiff sein Ziel eben doch.

Hören Sie nicht auf dazuzulernen

In diesem Buch wurden Sie aufgefordert, sich selbst »einen Ruck zu geben«, Initiative zu ergreifen, proaktiv zu sein, Verantwortung zu übernehmen. Und warum das alles – nur um paar Konflikte weniger zu haben?!

Die Antwort ist einfach: Es geht um weit mehr, es geht um Ihr Leben, um Sie selbst. Entwickeln Sie sich weiter und bauen Sie diese Weiterentwicklung als ständiges Element in Ihren Lebensalltag ein. Und das Lernen gehört unabdingbar dazu. Wer weiterkommen will, muss neugierig und voller Staunen bleiben. Nehmen Sie deshalb alles, was passiert, als Gelegenheit zum Lernen.

Sie haben Konflikte? In Ordnung, lernen Sie daraus. Schalten Sie Ihren Autopiloten aus so oft Sie können und nehmen Sie, was kommt. Fragen Sie sich immer wieder, was Sie aus dem, was Ihnen begegnet, lernen können, denn dadurch wird Ihr Leben reicher, interessanter, erfolgreicher. Fragen Sie sich: »Was habe ich damit zu tun?« bei allem, was um Sie herum geschieht. Nach einiger Zeit werden Sie wahrscheinlich feststellen, dass viel mehr Vorkommnisse als bisher mit Ihnen selbst zu tun haben. Dafür gibt es die so genannte Dreierregel, die Sie beherzigen sollten (siehe Kasten). Wenn Sie das tun und Ihre Lernbereitschaft pflegen, machen Sie einen Riesenschritt hin zu einem zufriedeneren Leben.

Wenn Ihnen die Dreierregel anfangs befremdlich erscheint, denken Sie einmal an all die Fälle, in denen sie zutrifft: Ein Mann findet sich wiederholt in Beziehungen wieder, in denen

dreier- regel

Die Dreierregel oder »Was habe ich damit zu tun?«

Wenn Ihnen irgendetwas widerfährt, muss das keine Bedeutung haben. Wenn Ihnen eine Sache zum zweiten Mal passiert, sollten Sie anfangen, sich zu fragen, was Sie selbst damit zu tun haben könnten. Wenn sie zum dritten Mal geschieht, können Sie sicher sein, dass irgendetwas in Ihnen das Vorkommen dieser Sache begünstigt und dass Sie selbst etwas daran ausrichten können, ob es Ihnen in Zukunft wieder passieren wird.

seine jeweilige Partnerin dominant ist (oder sehr passiv), nach einiger Zeit geht die Beziehung regelmäßig in die Brüche, weil er sich eigentlich etwas anderes gewünscht hatte. Oder: Eine Frau, die sich der Gewalttätigkeit und Trunksucht ihres Mannes wegen hat scheiden lassen, findet sich plötzlich in der Beziehung zu einem Partner wieder, der genau die Verhaltensweisen zeigt, wegen derer sie ihren Mann gerade verlassen hatte. Von dem Partner trennt sie sich nach einiger Zeit, um bald darauf ... eine Geschichte ohne Ende. Für die betreffende Person scheint es oft wie Zufall, von außen betrachtet hat es System. Und die betroffene Person ist die Einzige, die es ändern kann.

interview

> Es ist äußerst angenehm zu wissen, wie man Konflik-
> te ansprechen und dadurch auch auflösen kann. Es
> gibt natürlich immer wieder die Situation, dass
> nur einer der Konfliktbeteiligten gewinnen kann
> und der andere als Verlierer hervorgeht. Es ist
> aber in jedem Fall schon viel geholfen, wenn es ein
> vernünftiges Gespräch gibt, nach dem man sich wie-
> der in die Augen sehen kann.

DAS LÖSUNGSGESPRÄCH

Das Wort »Lösungsgespräch« ist auf den ersten Blick etwas missverständlich: Wer einen Konflikt hat, kann nicht erwarten, dass der Konflikt mit einem einzigen Gespräch »abgehakt« werden kann. Deshalb ist es besser, jedes Gespräch, das man in der Absicht führt, den Konflikt zu einer endgültigen Lösung zu bringen, Lösungsgespräch zu nennen.

Irgendwann ist es also so weit: Sie wollen sich mit Ihrem Gegner verständigen und den Konflikt aus der Welt schaffen. Die dazu notwendigen Gespräche gelingen umso besser, je gründlicher Sie sich darauf vorbereiten. Vor allem gilt eines: Seien Sie geduldig. Erwarten Sie keine Wunder von sich selbst oder von dem anderen. Konflikte entwickeln sich oft über einen längeren Zeitraum, und auch ihre Lösung braucht Zeit. Je länger der Konflikt schon andauert, desto mehr Geduld müssen Sie zu seiner Lösung aufbringen.

Are you ready?

Bevor Sie einen Termin für ein Lösungsge-
spräch vereinbaren, sollten Sie prüfen, ob Sie
selbst die Voraussetzungen für ein solches
Gespräch erfüllen. Folgende Fragen können
Ihnen helfen, dies für sich zu klären:
→ Habe ich den Konflikt verstanden?
→ Möchte ich den Konflikt wirklich beenden?
→ Habe ich meinen Ärger wirklich losgelassen?
Haben Sie bitte keine Scheu, sich selbst etwas
zu misstrauen, was die Beantwortung dieser
Fragen betrifft. Versuchen Sie auf jeden Fall,
ehrlich zu sein. Wenn Sie alle drei Fragen mit
»Ja« beantworten können, sind Sie in der Lage
ein Lösungsgespräch erfolgreich zu führen.
Wenn aber nur ein »Nein« dabei ist, sollten Sie
sich noch so lange weiter mit dem Konflikt
auseinander setzen, bis Sie für alle drei Fragen
ein klares »Ja« als Antwort haben. Dabei können im Vorfeld die beschriebenen Techniken
zum Loslassen von Ärger (siehe Seite 71) und
zum Verstehen von Konflikten (siehe Seite 53)
äußerst behilflich sein.

Beschaffen Sie sich alle Infos

Möglicherweise fehlen Ihnen aber auch einfach
noch verschiedene Informationen, um wirklich
sagen zu können, Sie hätten den Konflikt verstanden. Wenn Sie die beiden anderen Fragen
bereits mit »Ja« beantworten können, sollten
Sie sich jetzt die fehlenden Informationen beschaffen, und zwar durchaus direkt bei Ihrem
Konfliktgegner. Auch das ist kein Problem: Sie
führen dann eben nicht gleich ein Lösungsgespräch, sondern erst einmal ein Informationsgespräch.

Verabreden Sie sich dazu mit Ihrem Gegenüber und machen Sie bereits beim Treffen der
Verabredung klar, dass es Ihnen vorerst lediglich um ein Informationsgespräch geht.

Voraussetzungen

Egal ob Informations- oder Lösungsgespräch –
führen Sie auch dieses Gespräch auf gar keinen
Fall zwischen Tür und Angel! Nehmen Sie sich
Zeit und geben Sie dem anderen Zeit. Führen
Sie das Gespräch auch nur dann, wenn Sie
Ihren Ärger wirklich losgelassen haben und Sie
den Konflikt unbedingt lösen wollen! Bitten
Sie im Informationsgespräch um die Beant-
wortung Ihrer Verständnisfragen und bieten
Sie an, Verständnisfragen des Gegenübers

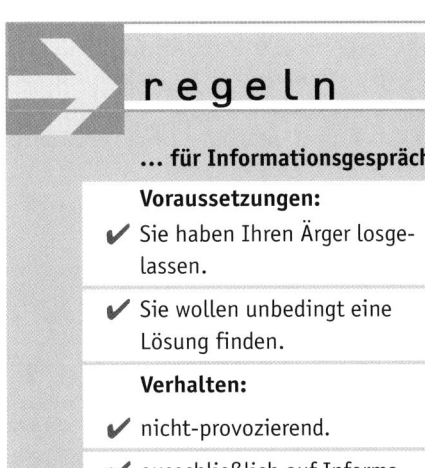

regeln

... für Informationsgespräche

Voraussetzungen:

✔ Sie haben Ihren Ärger losgelassen.

✔ Sie wollen unbedingt eine
Lösung finden.

Verhalten:

✔ nicht-provozierend.

✔ ausschließlich auf Informa-
tionsbeschaffung ausgerichtet.

✔ bei Störung Abbruch und neuer
Termin.

Ihrerseits zu beantworten. Wichtig ist, dass Sie selbst nicht provozieren und Sie sich auch nicht provozieren lassen.

Wenn das Gespräch (wieder) in Streitigkeiten abzugleiten droht, brechen Sie es höflich, aber bestimmt ab. Machen Sie deutlich, dass Sie die fehlenden Informationen haben möchten, aber nicht streiten wollen. Verabreden Sie sich für ein neues Informationsgespräch, vielleicht ein paar Tage später. Vermeiden Sie auch jetzt Formulierungen, mit denen Sie sich über den anderen stellen würden, wie zum Beispiel: »Lassen Sie uns später weiterreden, wenn Sie sich wieder besser im Griff haben.« Sagen Sie einfach, dass Sie jetzt nicht mehr weiterreden möchten. Sie müssen das nicht begründen! Dann gehen Sie.

Ein Schritt in die richtige Richtung

Wenn Sie eines oder mehrere solcher Informationsgespräche geführt haben, werden Sie feststellen, dass der Konflikt in den meisten Fällen schon gar nicht mehr so schlimm aussieht. Vielleicht sind Sie von einer Lösung noch weit entfernt, aber eines ist wahrscheinlich geschehen: Ihr Konfliktgegner und Sie haben gelernt, wieder miteinander zu reden. Damit haben Sie schon einen großen Schritt zur Deeskalation und zur Beilegung des Konflikts getan.

Bereiten Sie sich auf das Lösungsgespräch vor

Indem Sie über Informationsgespräche die offenen Fragen geklärt haben, haben Sie die Grundlage für das Lösungsgespräch geschaffen, das nun beginnen kann.

grundlagen

des Lösungsgesprächs

✔ Sie verfügen über genügend Informationen.

✔ Sie haben ein halbwegs umfassendes Verständnis vom Konflikt.

✔ Sie haben den Willen, ihn zu lösen.

✔ Sie sind nicht mehr besonders verärgert.

Ein Lösungsgespräch sollte immer auf zwei Ebenen stattfinden: Auf der einen Seite soll es sachliche Lösungen finden und zu Verhaltensvereinbarungen führen, also Klärungen auf der Sachebene produzieren. Auf der anderen Seite soll und muss es die emotionalen Bereiche ansprechen, die tieferen Schichten und die verletzten Gefühle ans Tageslicht bringen – also kurz gesagt, die Beziehungsebene klären. Lösungen, die ausschließlich auf der Sachebene erfolgen, sind Notlösungen! Solange die emotionale Seite nicht einbezogen wird, ist die Gefahr sehr groß, dass der Konflikt, den man gerade zu überwinden glaubt, demnächst an anderer Stelle wieder hervorbricht – sachlich zeigt er sich dann zwar in neuem Gewand, emotional aber nach bekanntem und wiederholtem Muster.

Zur Vorbereitung des Lösungsgesprächs gehört entsprechend, dass Sie sich darüber klar werden, welchen Verhandlungsspielraum Sie auf jeder Ebene haben wollen.

Beenden Sie den Konflikt

Einen Konflikt können Sie grundsätzlich auf drei Arten beenden: Erstens: Sie verändern Ihre Einstellung zum Konfliktkern. Zweitens: Sie trennen sich von der Konfliktquelle. Drittens: Sie und die andere Konfliktpartei kommen zu einem partnerschaftlichen Konfliktlösungsverhalten.

Wenn möglich sollten Sie die partnerschaftliche Lösung anstreben, dabei aber dennoch während des Lösungsgesprächs auch die bei-

Überlegen Sie vor dem Gespräch, wie weit Ihre Zugeständnisse gehen und wo die Grenzen liegen.

wichtig

Legen Sie die Verhandlungsspielräume fest!

Überlegen Sie, wie weit Sie im folgenden Gespräch gehen möchten. Notieren Sie Ihre Antworten, um Sie später immer wieder parat zu haben:

✔ Was muss auf der sachlichen Ebene für Sie mindestens herausspringen, damit Sie in Zukunft wieder ein partnerschaftliches Verhältnis zu Ihrem Konfliktgegner haben können (Minimallösung)?

✔ Was wäre Ihre Maximallösung?

✔ Wie weit geht Ihr Verständnis für den anderen, was würden Sie ihm zugestehen?

✔ Beantworten Sie die gleichen Fragen zur jeweiligen Minimal- und Maximallösung auch für die emotionale Ebene.

den Varianten im Hinterkopf behalten. Auf diese Art und Weise bleiben Sie offen für alles, was während des Gesprächs passiert.

Bereiten Sie sich darauf vor, den Konflikt jetzt wirklich zu lösen. Das heißt, schaffen Sie ihn, wenn irgend möglich, aus der Welt und stellen Sie einen Zustand her, bei dem sich alle Beteiligten in Zukunft wieder freundlich in die Augen schauen können.

Für das Lösungsgespräch gelten dieselben Grundregeln wie für das Informationsgespräch: Vereinbaren Sie einen Termin, an dem alle Beteiligten genügend Zeit haben und der so weit in der Zukunft liegt, dass alle sich ausreichend vorbereiten können. Sorgen Sie dafür, wenn es in Ihrer Macht steht, dass der Termin störungsfrei verlaufen kann (keine Telefonate, Faxe, Besuche, E-Mails …).

Hilfreiche Tipps und Tricks

Gerade wenn die Nervosität kurz vor einem Gespräch steigt, ist es hilfreich, noch weitere Tricks zu kennen, wie man sich gut auf das Gespräch vorbereitet. Deshalb eine Beschreibung der Fünf-Finger-Fragen und des gerechten Teilens – beide Methoden helfen, die Übersicht zu bewahren und im Lösungsgespräch zu gerechten Kompromissen zu kommen.

Fünf-Finger-Fragen

Mit der Technik der Fünf-Finger-Fragen können Sie sich auf ein unangenehmes Gespräch vorbereiten. Wenn Sie vor dem bevorstehenden Gespräch Angst haben, nehmen Sie sich einen Augenblick Zeit, um mögliche Aussagen des Gesprächspartners durchzuspielen und auf sich wirken zu lassen.

Nehmen Sie zuerst die schlimmste Aussage, die Sie sich vorstellen können. Lassen Sie diese Aussage auf sich wirken und versuchen Sie sich vorzustellen, wie Sie mit dieser Situation umgehen würden, wenn sie denn einträfe. Ordnen Sie diesen Vorgang jetzt Ihrem Daumen zu. Als Nächstes nehmen Sie sich eine Aussage für den kleinen Finger vor. Denken Sie an die positivste Aussage ihres Gegenübers, die Sie sich vorstellen können. Malen Sie sich auch aus, wie Sie darauf reagieren würden. Jetzt haben Sie sozusagen den schlimmsten und den schönsten Fall beschrieben. Beschreiben Sie jetzt in gleicher Weise drei Möglichkeiten, die dazwischenliegen, für jeden Finger eine.

So sind Sie gewappnet, wenn Sie in das unangenehme Gespräch gehen. Der Vorteil: Ihr Gegenüber kann Sie nicht mehr »aushebeln«, da Sie seine Aussagen höchstwahrscheinlich schon durchgespielt haben. Wenn Sie sich öfter in der beschriebenen Weise auf unangenehme Gespräche vorbereiten, werden Sie bald feststellen, dass nur selten eine Situation eintritt, in der Ihnen auf die Aussage Ihres Gegenübers hin die Luft wegbleibt.

Das Modell des gerechten Teilens

Dieses Modell ist besonders gut einzusetzen, wenn zwei Parteien einen fairen Kompromiss finden wollen oder müssen, wie Besitz zwischen Ihnen aufgeteilt werden kann. Ursprünglich war das Verfahren von dem Politologen Steven Brams und dem Mathematiker Alan Taylor entwickelt worden, die beabsichtigten, auch den subjektiven Wert der zu verteilenden Objekte zu berücksichtigen. Das folgende Modell stellt eine streng mathematische Lösung vor, die zugleich auch optimale subjektive Gerechtigkeit herstellen kann! Das Modell ist zudem geeignet, Streitfragen zu lösen. Statt um die Verteilung von Besitz geht es dann um die Lösung strittiger Fragen. Das Vorgehen ist immer das gleiche: In vier Schritten soll zu einer Lösung gekommen werden.

1. Schritt: Von den beteiligten Parteien wird eine Liste mit sämtlichen strittigen Objekten (oder Streitfragen) zusammengestellt.

2. Schritt: Die beiden Parteien erstellen unabhängig voneinander eine Rangfolge der strittigen Objekte. Dabei bekommt jedes Objekt eine Bewertung zwischen Null und Hundert. Aber: Jede Partei hat nur insgesamt 100 Punkte zur Verfügung, die auf die einzelnen Objekte verteilt werden können. Die Summe aller vergebenen Punkte muss bei jeder Partei 100 ergeben.

3. Schritt: Die Parteien halten zunächst streng geheim, wie sie bewerten wollen beziehungsweise bewertet haben. Taktische Beeinflussungen sind verboten!

4. Schritt: Bei einem gemeinsamen Treffen der beiden Parteien werden die beiden Rangfolgen verglichen. Es wird dann so geteilt, dass beide entsprechend ihrer Bewertung die gleiche Punktzahl erreichen. Dabei bekommt anfangs diejenige Partei ein Objekt zugesprochen, dem sie eine höhere Punktzahl zugeordnet hat.

Bei dem Beispiel in der Tabelle rechts bekommt jede Partei die Objekte, die sie höher eingestuft hat als die andere Partei. Gerechtigkeit wird so zunächst noch nicht hergestellt, denn die Partei 2 erzielt 55 Punkte, die Partei 1 jedoch nur 43. Daher erhält Partei 1 die Wertpapiere, die beide gleich hoch (13/13) eingeschätzt haben. Damit kommt Partei 1 auf 56 Punkte und ist im Vorteil. Völlige Gerechtigkeit lässt sich schließlich dadurch herstellen, dass die Parteien das Bargeld so teilen, dass beide auf 55,5 Punkte kommen. Das Ergebnis kann sich sehen lassen: Ein sowohl subjektiv als auch mathematisch perfekter Kompromiss.

Wissenschaftler haben mathematisch bewiesen, dass das vorgestellte Verfahren die bestmögliche Gerechtigkeit aller denkbaren Teilungsstrategien garantiert. Dabei können auch mehr als zwei Parteien beteiligt sein, allerdings sollten es nicht mehr als vier Parteien werden, da es dann zu unübersichtlich wird. Auch für Streitfragen eignet sich das Verfahren. In diesem Fall müssen aber die wesentlichen umstrittenen Fragen genau definiert werden. Das Verfahren ist ursprünglich zur gerechten Auftei-

beispiel rangfolge

Verteilung der Punkte auf die einzelnen Streitobjekte

	Partei 1	Partei 2
Adressdatenbank	2	0
Bargeld	5	4
Büroeinrichtung	2	1
EDV-Anlage	7	4
Fahrzeuge	39	48
Geschäftsräume	9	6
Materiallager	5	7
Produktionsanlagen	18	17
Wertpapiere	13	13
Summe	100	100

lung von Eigentum und Rechten bei Scheidungen entwickelt worden, bei denen die Partner ohne Hilfe von außen eine gütliche Einigung finden.

Jetzt geht's los

Jetzt sind Sie im lange geplanten Gespräch. Beginnen Sie damit, den Konflikt in vorwurfsfreier Sprache zu benennen. Teilen Sie den Anwesenden Ihr Ziel mit, den Konflikt zu lösen, und vermitteln Sie Ihre sachlichen und emotionalen Ziele. Sagen Sie auch, dass Sie den Konflikt gern so lösen möchten, dass die Lösung für beide Seiten Gewinn bringt. Dann fragen Sie den Konfliktpartner nach seinen

Zielen. Fragen Sie nach, wenn Sie nicht sicher sind, dass Sie seine Antworten restlos verstanden haben. Tun Sie auch dies mit den Mitteln der genauen Sprache (siehe Seite 57f.).

Gemeinsam Lösungen suchen

Fragen Sie Ihr Gegenüber, ob es damit einverstanden ist, mit Ihnen gemeinsam darüber nachzudenken, wie Lösungen aussehen könnten, die für beide Seiten mehr sein sollten als nur ein Kompromiss (die bloße Absicht kann hier schon Wunder wirken). Teilen Sie jetzt nicht nur Ihre Positionen, sondern auch Ihre Interessen mit. Fragen Sie nach den Interessen der Gegenseite. Würdigen Sie die Stellungnahmen und besonders die Aussagen über Gefühle der Gegenseite. Drücken Sie Ihre Gefühle und auch Ihr Verständnis aus, wenn Sie Verständnis haben. Warten Sie nicht auf eine Vorleistung der Gegenseite, sondern versuchen Sie das, was Sie selbst sich von dem Gespräch erhoffen, in das Gespräch hineinzubringen. Versuchen Sie, im Gespräch gemeinsam neue Vereinbarungen zu treffen. Überlegen Sie, ob es sinnvoll ist, diese schriftlich festzuhalten, bestehen Sie aber nicht darauf, falls Ihr Konfliktpartner von Ihrem Vorschlag befremdet ist. Wenn Sie zu Vereinbarungen gekommen sind, besiegeln Sie diese mit einem kleinen Ritual. Das kann darin bestehen, dass sich die Beteiligten per Handschlag zu der Vereinbarung erklären, dass sie darauf anstoßen oder ähnliches.

Freuen Sie sich über Ihren Erfolg!

Nehmen Sie sich jetzt erst einmal Zeit, die neue Situation zu verarbeiten. Lassen Sie einen oder zwei Tage verstreichen, in denen Sie sich einfach nur darüber freuen, dass der Konflikt gelöst ist. Erst wenn Sie merken, dass der Konflikt für Sie tatsächlich der Vergangenheit angehört, ist die Integrationsarbeit getan. Jetzt erst sollten Sie zu neuen Ufern aufbrechen und mit dem ehemaligen Konfliktgegner weitere Abmachungen treffen oder Pläne für die Zukunft schmieden. Wenn der Konflikt öffentlich war, sollten Sie jetzt dafür sorgen, dass die Beendigung des Konflikts bekannt wird.

was kommt danach?

Nach Beendigung des Lösungsgesprächs sollten Sie sofort auseinander gehen und keine weiteren Dinge besprechen. Denn: Ein geglücktes Lösungsgespräch erleichtert und setzt zum Teil große Energien in den Beteiligten frei. Wenn in der Euphorie der geglückten Verständigung nun irgendwelche Pläne geschmiedet oder Abmachungen für die Zukunft getroffen werden, ist die Gefahr groß, dass diese Pläne und Abmachungen unrealistisch sind und sich später nicht verwirklichen lassen. Das bedeutet neuen Frust für die Beteiligten, wenn sie nicht sogar in einen neuen Konflikt schlittern. Lassen Sie es deshalb mit dem geglückten Lösungsgespräch für diesen Tag gut sein!

checkliste: lösungsgespräch

Vorbereitung:
- ✔ Voraussetzungen dreimal mit »Ja« erfüllt
- ✔ Mindestziele definiert (sachlich und emotional)
- ✔ Maximalziele definiert (sachlich und emotional)

Termin vereinbaren:
- ✔ Spielraum nach hinten lassen
- ✔ Zeit zur Vorbereitung lassen

Im Gespräch:
- ✔ Störungen vorher ausschließen
- ✔ Lösungswillen bekunden
- ✔ Ziele mitteilen und erfragen
- ✔ Interessen mitteilen und erfragen
- ✔ nach Synergien suchen
- ✔ Gefühle ausdrücken
- ✔ Gefühle würdigen
- ✔ Zielvereinbarungen anstreben

Zum Gesprächsabschluss:
- ✔ sagen, wie man sich jetzt fühlt
- ✔ fragen, wie der (ehemalige) Gegner sich jetzt fühlt, wie das Gespräch für ihn verlief
- ✔ sich beim Gegner bedanken

Nach dem Gespräch:
- ✔ überlegen, was gut gelaufen ist
- ✔ überlegen (und notieren), was man bei einem nächsten Mal besser machen würde
- ✔ sich Zeit nehmen, um das Erlebte zu verdauen

Keine Lösung in Sicht

Sie haben den ideal-typischen Verlauf eines Lösungsgesprächs kennen gelernt, doch nicht jedes Gespräch wird so verlaufen. Gerade bei Verteilungskonflikten ist es oft so, dass ein Lösungsgespräch keinen wirklichen Gewinn bringt. Aber auch bei den anderen Konfliktarten kann das vorkommen. Hier ist Ihre innere Beweglichkeit und Fähigkeit zum Perspektivenwechsel gefordert.

Seien Sie flexibel

Es kann also nötig werden, dass Sie Ihre Einstellung verändern. Eventuell haben Sie, als Sie daran gearbeitet haben, Ihren Ärger loszulassen, bereits gemerkt, dass Ihre ersten Reaktionen im Konflikt unangemessen heftig waren. Dann wäre jetzt im Lösungsgespräch der Moment gekommen, in dem Sie dieser Erkenntnis Ausdruck verleihen sollten. Sagen Sie einfach, wenn Sie Ihre damalige Reaktion bedauern. Wenn sie allerdings nichts bedauern, dann sollten Sie nichts sagen. Entschuldigen Sie sich nicht und bitten Sie nicht um Verzeihung. Sagen Sie einfach, dass Ihre Reaktion unangemessen heftig war. Damit können Sie einer Beilegung des Konflikts den Weg ebnen, unabhängig davon, ob Sie Ihre ursprünglichen Ziele erreichen werden oder nicht.

Verändern Sie Ihre Einstellung!

Möglicherweise finden Sie sich aber auch in einem Lösungsgespräch wieder, auf das Sie sich sehr gut vorbereitet haben und in welchem Sie auf den Partner zugehen – aber Ihr Gegenüber steckt noch mitten im Konflikt und will diesen mehr weitertreiben als lösen. Auch hier müssen Sie vielleicht Ihre Einstellung ändern, wenn Ihnen an einer Lösung des Konflikts liegt. Anfangs gibt es bei solchen Lösungsgesprächen natürlich auch die Möglichkeit, sie abzubrechen und einen neuen Termin zu finden. Aber nach mehreren Neuterminierungen verlieren Sie eventuell das Vertrauen, im Lösungsgespräch jemals weiterzukommen. Jetzt sollten Sie Ihre Einstellung dem Konflikt gegenüber verändern: Beschließen Sie, sich vom Verhalten der Gegenseite nicht mehr stören zu lassen. Sehen Sie die Realität so, wie sie jetzt ist. Nehmen Sie sie an. Richten Sie Ihren Blick nach vorne. Denken Sie darüber nach, welche positiven Auswirkungen es haben könnte, in diesem Konflikt nicht zu gewinnen. Suchen Sie nach fünf positiven Auswirkungen. Wenn Ihnen keine einfallen, fragen Sie Freunde. Wenn Sie fünf Punkte gefunden haben, nehmen Sie diese in sich auf. Konzentrieren Sie sich darauf. Lassen Sie Ihre Vorstellungen los, wie der Konflikt ist und wie er sein sollte. Hören Sie auf, ihn lösen zu wollen. Hören Sie per Beschluss auf, ihn zu haben.

Ziehen Sie einen Schlussstrich

Manchmal will aber auch das nicht gelingen: Der Konflikt ist unlösbar. Er ist da, er stört Sie immer weiter, Sie schaffen es nicht, ihn zu beenden. An dieser Stelle müssen Sie Farbe bekennen: Treten Sie dafür ein, ein glückliches Leben zu haben oder treten Sie nicht dafür ein? Wenn ja, gibt es jetzt nur noch einen Weg: Sie trennen sich von der Konfliktquelle. Das ist leicht gesagt, manchmal aber sehr schwer getan. Vielleicht müssen Sie dazu Ihren Job wechseln, vielleicht trennen Sie sich von Ihrem Partner, vielleicht ziehen Sie um. Unmöglich denken Sie? Doch bedenken Sie: Es ist Ihr Leben. Niemand nimmt Ihnen die Verantwortung für Ihr Glück und für Ihre Gesundheit ab. Wenn Sie einen Konflikt nicht lösen können, ihn nicht aushalten können, ihn nicht nicht-haben können, wenn er Sie dauerhaft unglücklich und krank macht, dann gehen Sie. Gehen Sie Ihren Weg. Und schauen Sie nach vorne.

Job und Karriere – schön und gut, aber nicht um jeden Preis. Manchmal ist es richtig, dem Konflikt endgültig den Rücken zu kehren.

Konflikte von außen begleiten

Ist es möglich, als nicht beteiligte, aber nahe stehende Person zur Lösung von Konflikten beizutragen? Konflikte im Job – was ist zu tun, wenn es in der eigenen Abteilung kracht oder man mit den Mitarbeitern Konflikte hat. Wann ist ein Konflikt so hoffnungslos verfahren, dass nur noch fremde Hilfe etwas ausrichten kann? Fragen über Fragen. Die Antworten bekommen Sie hier!

interview

Meistens steht man ja dumm da, wenn es um einen herum kracht. Manche glauben, sie müssten Partei ergreifen, um Freundschaften zu erhalten. Aber entweder geht es schief, weil sie überhaupt keine Ahnung haben, worum es geht, oder es bilden sich neue Koalitionen, die am Ende alles noch viel schlimmer machen. Seitdem ich mich neutral verhalte, kann ich viel mehr dazu beitragen, dass die Auseinandersetzung dann auch beendet wird. Und das gibt mir ein gutes Gefühl.

NACHBARN UND FREUNDEN HELFEN

Nachbarn und Freunde können in Konflikten mehr ausrichten, als man gemeinhin glaubt. Die meisten Menschen schwanken, was Konflikte betrifft, allerdings zwischen zwei gegensätzlichen Positionen: Entweder sie weigern sich zur Kenntnis zu nehmen, dass ein Konflikt existiert, oder sie steigen voller Begeisterung ein, mischen sich ein und geben ihre eigene Meinung zum Besten. Damit schlagen sie sich auf die eine oder andere Konfliktseite und werden Teil einer Partei.

Konflikte ignorieren ...

Bei Ehekrächen in »frischen Ehen« kann man die erste Variante oft beobachten. Eltern und Schwiegereltern der Jungverheirateten versuchen taktvoll zu sein, die Form zu wahren, über die schlechte Stimmung des betroffenen Ehepaars hinwegzusehen und durch ausdauernde, oberflächliche Bearbeitung von unkritischen Themen den Tag sozusagen heil über die Runden zu bringen.

Zu einem Höhepunkt kommen diese Vorstellungen dann oft auf den berühmt-berüchtigten Familienfesten, welche die meisten Menschen schon einmal erlitten und in lebhafter Erinnerung haben. Diese Szenen sind auch beliebtes Thema der Filmindustrie, jede zweite Seifenoper beschäftigt sich in irgendeiner Form damit.

... oder Partei ergreifen

Die zweite typische Reaktionsart kann man dann erleben, wenn der Konflikt zu offensichtlich ist und die Unbeteiligten beim besten Willen nicht mehr anders können, als zu sehen, dass irgendetwas nicht in Ordnung ist. Jetzt nimmt der Schwiegervater gern einmal seinen Schwiegersohn beiseite, um zu erkunden, was denn eigentlich los sei. Oft wird der Außenstehende, in unserem Beispiel also der Schwiegervater, von seinen eigenen Erfahrungen berichten, die er in ähnlichen Situationen gemacht hat. Vielleicht wird er sich auch dazu hinreißen lassen, Aussagen über »die Frauen« im Allgemeinen zu machen, so wie sie seinen Vorstellungen entsprechen, und schließlich wird er unter Umständen darstellen, warum und wie er und seine Frau diese oder ähnliche Probleme bewältigen konnten.

Unter Freundinnen

Ein anderes Beispiel, auch Gegenstand zahlreicher Film- und Fernsehproduktionen, ist ein Konflikt unter Freundinnen: Anja hat Streit mit ihrer langjährigen Freundin Beate. Carola ist seit einiger Zeit mit Anja befreundet und mag sie sehr. Sie kennt Beate nur aus Anjas Erzählungen. Anja schüttet nun vor Carola ihr Herz über den Konflikt mit Beate aus. Carola hört ihr bereitwillig zu, hat sie doch nun endlich einmal Gelegenheit, für Anja, die ihr schon mit manchem Tipp zur Seite gestanden hat, etwas zu tun.

Dieses Gespräch kann sich zu einer großen Herausforderung für Carola entwickeln. Je nach Strickart der Seifenoper und je nachdem, ob es vielleicht auch um einen Mann geht, spielen sich vor unseren staunenden Augen verschiedene Szenarien ab, zum Beispiel:

→ Carola stellt sich auf Anjas Seite und bestärkt sie im Zorn gegen Beate. Anja und Beate versöhnen sich jedoch bald wieder, und Carola wird aus dem Freundeskreis ausgeschlossen, da Anja nun das Gefühl hat, sich zwischen Beate und Carola als Freundin entscheiden zu müssen.

→ Carola will zwischen Anja und Beate vermitteln und trifft sich dazu mit Beate, die ihr auf Anhieb sympathisch ist. Anja erfährt von dem Treffen und zieht sich zurück. Sie will nun nichts mehr von Carola wissen, von der sie jetzt glaubt, dass sie sich in ihre, Anjas Beziehung zu Beate, hineindrängen wollte.

Diese, aber auch viele andere Verläufe sind denkbar, den meisten ist eines aber gemeinsam: Die Sache geht schief. Die ehemals Unbeteiligten, in diesem Fall Carola, stehen entweder selbst mittendrin im Konflikt, ohne es gewollt oder auch nur bemerkt zu haben. Oder sie müssen letzten Endes feststellen, dass ihr Verhältnis zu der Person, die sie ursprünglich ins Vertrauen gezogen hatte, auf die eine oder andere Weise enorm gelitten hat. Der Schwiegersohn im ersten Beispiel hat unter Umständen in Zukunft nur noch wenig Lust auf Familienfeiern, möglicherweise rückt er auch etwas von seinem Schwiegervater ab, da er keine Lust auf Belehrungen und in seinen Augen überkommene Weltbilder hat. Das Beispiel der Freundinnen geht in beiden Ausführungen nicht gut aus.

Keiner kann gewinnen – oder vielleicht doch?

Alle Beispielpersonen haben in gutem Glauben und bestem Bemühen gehandelt, jedenfalls sei das einmal unterstellt. Trotzdem ist der Scherbenhaufen am Ende nicht kleiner, sondern größer geworden. Was übrig bleibt, ist Ernüchterung bei den Unbeteiligten und manchmal der Vorsatz, mit Konflikten anderer in Zukunft nichts mehr zu tun haben zu wollen. Doch das

---

wichtig

Jeder ist für sich selbst verantwortlich!

Glauben Sie auch, dass Sie anderen einen Gefallen tun, indem Sie für diese Verantwortung übernehmen? Das ist nicht richtig. Sie sollten Menschen, die handlungsfähig sind, die Verantwortung für ihre Handlungen in keiner Weise abnehmen. Tragen Sie die 100%-ige Verantwortung für Ihr eigenes Leben, und lassen Sie den anderen 100% für deren Leben. Nur dann können Sie auf Dauer ein Verhältnis zu anderen haben, in dem keiner auf den jeweils anderen herabblickt.

---

muss nicht sein – im Gegenteil, Wenn man richtig an den Konflikt herangeht, kann jeder sinnvolle Beiträge dazu leisten, dass Konflikte in seiner Umgebung von den Beteiligten selbst gelöst werden können.

Was Sie von außen beitragen können

Wenn Sie dieser Erkenntnis folgen wollen, sollten Sie sich bei Konflikten anderer nach folgenden Grundsätzen verhalten:

Machen Sie sich nicht zum Konfliktbeteiligten

Bleiben Sie selbst unter allen Umständen außerhalb des Konflikts, auch wenn die Versuchung einzusteigen noch so groß sein sollte. Begründung: Wenn Sie in den Konflikt einsteigen, gibt es ein Problem mehr, nicht eines weniger. Ihre Übersicht wird sich zwangsläufig einengen, wenn Sie selbst sich erst einmal an dem Konflikt beteiligen, wenn Ihre eigenen Emotionen mit ins Spiel kommen und Sie selbst betroffen sind. Wenn es dazu kommt, können Sie keine Hilfe mehr für die anderen sein – im Gegenteil, Sie müssen sich dann schon anstrengen, nicht bald selbst Hilfe zu benötigen. Nur wenn Sie weiterhin Außenstehender bleiben, können Sie helfen, Lösungen zu finden.

Geben Sie keine Ratschläge

Die Versuchung ist immer groß, anderen zu sagen, was sie tun sollen. Jeder kennt sie, die Verhaltensvorschläge im Sinne von »Also ich würde an deiner Stelle …«, die von vielen Sei-

→ beispiel

Sie sind Mitglied in einem Kegelverein. Eine Vereinskollegin schüttet Ihnen ihr Herz aus: Sie hat keine Lust mehr, zum Kegeln und zum gemütlichen Beisammensein zu kommen, da sie sich von einem anderen Mitglied wiederholt schlecht behandelt fühlt (Ihnen selbst ist die wachsende Anspannung zwischen den beiden auch schon aufgefallen). Sie schätzen diese Person sehr und würden den Kontakt zu ihr vermissen, wenn sie nicht mehr zum Kegeln käme. Sie beschließen also, zwischen ihr und dem anderen Vereinsmitglied zu vermitteln. Ein paar Tage später suchen Sie denjenigen auf, um ihn zu bitten, doch etwas netter zu der Vereinskollegin zu sein. Das geht leider gründlich schief: Das angesprochene Vereinsmitglied reagiert außerordentlich böse, fragt, ob die Mitkeglerin denn nichts Besseres zu tun habe, als andere Leute vorzuschicken und macht deutlich, dass er sich jede Einmischung, noch dazu so unqualifizierter Art, verbittet. Nun ist der Kegelkollege auch mit Ihnen böse. Sie sind es mit ihm allerdings auch, denn auf diese Art wollen Sie keinesfalls mit sich reden lassen. Jetzt ist der Konflikt also nicht kleiner, sondern größer geworden.

Haben Sie in Ihrer Vermittlerrolle Geduld – die wenigsten Konflikte werden im Handumdrehen gelöst.

ten auf einen hereinbrechen. Geben Sie dieser Versuchung nicht nach.

Begründung: Ratschläge sind auch Schläge. Sie stellen sich damit leicht über den anderen und die Gefahr ist groß, dass ihre Ratschläge Verhaltensweisen nahe legen, zu denen der Angesprochene zur Zeit gar nicht fähig ist. Es ist nahe liegend, dass man, wenn man einen Ratschlag gibt, von sich selbst ausgeht. Üblicherweise fragt man sich, wie man selbst reagieren würde, und schlägt das dann dem anderen vor. Meistens ist der Vorschlag für den anderen unbrauchbar, weil er nur für Sie und nicht für ihn passt. Und manchmal würde man selber vielleicht gar nicht mehr so handeln, wie man es gerade vorschlägt, wenn man mit etwas Abstand noch einmal über die Situation nachgedacht hat. Eventuell ist der Rat auch sachlich unangemessen, wenn Sie noch nicht voll und ganz über den Konflikt informiert sind. Das kann derjenige aber nicht sehen, da er tief im Konflikt steckt und Ihnen blind vertraut. Und das kann zu einem bösen Erwachen führen. Außerdem geschehen zwei weitere Dinge, wenn Sie Ratschläge geben. Zum einen stellen Sie ein Gefälle zwischen sich und der betroffenen Person her und haben damit – unter

tipp

Treten Sie nicht auch ins Fettnäpfchen und geben Ihren Mitmenschen ständig gute Ratschläge – ohne es eigentlich zu wollen. Kämpfen Sie ganz einfach dagegen an. Achten Sie doch einfach einmal darauf, ob Sie folgende Satzanfänge verwenden und streichen Sie diese dann aus Ihrem Repertoire. Ihre Umwelt wird es Ihnen danken!
 »Jetzt musst du aber …«, »Ich finde, du solltest mal …«, »Kannst du denn nicht einfach …«, »An deiner Stelle würde ich …« und »Der soll doch erst mal …«. Achten Sie auch auf Worte wie »müssen«, »können« und »sollen«.

beispiel

Ein neuer Kollege erzählt Ihnen, dass er sich vom Vorgesetzten schlecht behandelt fühlt. Ständig soll er neue Aufgaben wahrnehmen, der Vorgesetzte hat kaum Zeit für ihn, er muss die Dreckarbeit machen usw. Sie sind empört und raten dem Kollegen, jetzt mal wirklich ordentlich auf den Putz hauen, damit der Vorgesetzte aufhört, ihn so schlecht zu behandeln. Der Kollege vertraut Ihnen und tut das, was Sie ihm geraten haben. Nur leider verfügt er nicht über die entsprechenden sozialen Werkzeuge und wird dem Vorgesetzten gegenüber auf eine Art ausfallend, die ihn letztendlich den Job kostet. Dieser Konflikt kann damit als gelöst gelten, allerdings nicht so, wie Sie es sich gedacht hatten. Wenn Sie den Kollegen einmal wieder treffen, werden Sie vielleicht bemerken, dass es jetzt einen neuen Konflikt gibt – diesmal zwischen Ihrem Ex-Kollegen und Ihnen.

Umständen – die Gleichheit zwischen Ihnen dauerhaft verspielt. Zum anderen ist die Gefahr sehr groß, dass Sie sich quasi durch die Hintertür doch wieder direkt oder indirekt zum Konfliktbeteiligten machen.

Denken Sie nicht über Recht und Unrecht nach

Angesichts eines Konflikts kommt schnell die Frage auf, wer im Recht ist. Gehen Sie dieser Frage nicht auf den Leim, denn Sie können sie nicht beantworten. Im Übrigen: Weder die Fragen noch die Antworten spielen eine Rolle! Begründung: Jedes Gefühl für Recht und Unrecht ist subjektiv und in hohem Maße davon abhängig, aus welcher Perspektive ein Sachverhalt betrachtet wird. Zur Klärung potenziell sich wiederholender Konflikte wurden Spielregeln erfunden – Spielregeln, wie bei einer bestimmten Sachlage (Spiel) zu entscheiden ist, wer also Recht bekommt. Ob derjenige, der nicht Recht bekommt, das als gerecht empfinden wird, ist nicht die Frage der Spielregel. Es ist die Frage dessen, der sich jetzt unbequemerweise daran halten soll. Verkehrsregeln sind Spielregeln. Auf dem Fußballplatz gelten auch Spielregeln. Unser ganzes Rechtssystem ist ein Gebilde von Spielregeln. Wir haben uns darauf geeinigt, dass überall dort, wo unsere Rechtsprechung wirkt, diese verbindlich ist. Wir haben uns auch darauf geeinigt, dass auf dem Fußballplatz der Schiedsrichter immer Recht hat. Trotzdem gibt es haufenweise Konflikte in diesen Bereichen. Der Einzelne hat eben oft das subjektive Empfinden, dass er nicht Recht bekommt, obwohl er seiner Meinung nach im Recht ist. In diesem Fall gibt es oft die Tendenz, die Spielregeln in Frage zu stellen. Damit begibt man sich auf eine Metaebene: Man hat jetzt einen Konflikt über den Konflikt. Und auch damit hat man wieder einen Konflikt mehr und nicht einen weniger.

beispiel

Fußballmannschaft A hat das Spiel gegen Mannschaft B verloren, nachdem der Schiedsrichter eine Minute vor Spielende einen Elfmeter gegen A gegeben hatte. Ihr Bekannter, Spieler bei A, zweifelt die Kompetenz des Schiedsrichters an und bezeichnet den Elfmeter als krasse Fehlentscheidung (die es tatsächlich vielleicht auch war). Er ist empört über den Schiedsrichter und, wenn Sie jetzt nicht aufpassen, auch über Sie.

Sich im Recht zu fühlen, heißt nicht immer, auch Recht zu bekommen – stellen Sie deswegen aber nicht gleich die komplette Konfliktlösung in Frage.

Schnellkurs Coaching

Die für die Konflikt-Beteiligten hilfreichste Position, die Sie als Außenstehender in einem Konflikt einnehmen können, ist die des Beleuchters – damit bringen Sie Licht in die dunklen Ecken, damit diese von den Beteiligten besser gesehen werden können.

Wenn Sie mit jemandem befreundet sind, der gerade in einem Konflikt steckt und sich mit Ihnen darüber aussprechen möchte, sollte Ihr Ziel sein, ihn darin zu unterstützen, seinen Konflikt selbst zu lösen. Das bedeutet, dass Sie auf gar keinen Fall parteilich werden sollten! Hören Sie sich genau an, was derjenige zu erzählen hat, und signalisieren Sie, dass Sie seine Gefühle verstehen. Sagen Sie aber niemals, dass er im Recht oder Unrecht ist! Versuchen Sie auch nicht ihn zu beruhigen, abzuwiegeln oder Verständnis für die Gegenseite zu wecken. Am meisten Wirkung können Sie erzielen, wenn Sie Fragen stellen. Was genau Sie fragen sollen? Hier eine Schritt-für-Schritt-Lösung, die auch Sie realisieren können.

Frage Nr. 1

Fragen Sie, ob der Betreffende Hilfe von Ihnen haben möchte, seinen Konflikt zu lösen. Sorgen Sie dafür, dass auch der letzte Teil der Frage gehört und verstanden wird. Wenn der Betreffende Ihre Frage nicht vollständig versteht und nicht bejaht, gibt es für Sie als Unbeteiligten keinerlei Grund mehr, sich weiter mit dem Konflikt zu befassen. Sie können ihn dann

→ das gespräch abbrechen

Unter Umständen kann Ihr Gesprächspartner den Konflikt noch nicht lösen. Dann müssen Sie die Initiative ergreifen und das Gespräch – egal auf welcher Stufe Sie bereits angelangt sind – abbrechen. Sagen Sie: »Ich möchte das Gespräch jetzt beenden. Wir können es aber jederzeit wieder aufnehmen, wenn Sie bereit sind, sich mit diesen Fragen zu beschäftigen.« Dann gehen Sie Ihrer Wege. Kommt Ihnen das brutal vor? Im Gegenteil, es ist klar und deutlich und folgt der Einsicht, dass man anderen Menschen die Verantwortung für sich selbst nicht abnehmen darf. Vielleicht machen Sie sich mit diesem Vorgehen einmal unbeliebt. Aber seien Sie sicher: Dies ist eine Methode, mit der Sie wirklich etwas zur Konfliktlösung beitragen können.

Wenn andere erwarten, dass Sie Partei ergreifen oder in den Konflikt einsteigen, um weiterhin gemocht zu werden, dann müssen Sie entscheiden, ob Sie diesen Preis bezahlen wollen.

Wenn ja, haben Sie wahrscheinlich einen Konflikt mehr und dafür eine Gelegenheit weniger, zur Lösung beizutragen.

nur noch wissen lassen, dass Sie seine Gefühle verstehen und dass er, wenn er Hilfe zur LÖSUNG des Konflikts haben möchte, gern wieder auf Sie zukommen kann.

Wenn Sie zur Antwort bekommen: »Ja, ich möchte gern, dass Sie mir helfen«, sollten Sie noch einmal klarmachen, dass Sie nur Hilfe zur Selbsthilfe leisten werden. Sagen Sie dann: »Ich kann Ihnen dabei helfen, Ihren Konflikt selbst zu bearbeiten und zu lösen. Bearbeiten und lösen müssen Sie ihn aber selbst. Wollen Sie diese Hilfe von mir haben?«

Bejaht er die Frage, haben Sie die Möglichkeit, weiterzufragen. Will er allerdings eine der folgenden Fragen nicht beantworten, sollten Sie zur ersten Frage zurückkehren. Beantwortet er diese erneut mit »Ja«, stellen Sie ihm sogleich wieder die nicht beantwortete Frage.

Frage Nr. 2

Jetzt die Frage nach seinen Gefühlen im Konflikt: »Welche Gefühle haben Sie im Konflikt? Sind Sie traurig/wütend/ärgerlich …? Möchten Sie vielleicht aufschreiben, was Sie hier erforschen?« Lassen Sie dem Betreffenden Zeit, seine Gefühle zu sortieren, auszudrücken und auch aufzuschreiben. Hören Sie ihm zu. Wenn er von seinen Gefühlen nichts wissen will und in einer Beschwerdeposition verharrt, stellen Sie ihm die erste Frage in abgewandelter Form: »Ich kann Sie unterstützen, damit Sie Ihren Konflikt lösen können. Dazu ist es notwendig, dass Sie sich mit diesen Fragen auseinandersetzen. Möchten Sie das?« Wenn er sich nicht darauf einlassen will, brechen Sie das Gespräch ab. Wenn er die Frage bejaht, stellen Sie ihm die unbeantwortete Frage ein zweites Mal.

Frage Nr. 3

Fragen Sie nach den Zielen ihres Gesprächspartners: »Welche Ziele haben Sie in dem Konflikt? Was möchten Sie erreichen?« Diskutieren Sie die Ziele, die er nennt, nicht. Stellen Sie nur Fragen, wenn Sie etwas nicht verstehen. Je klarer Ihr Gegenüber seine Ziele beschreiben kann, desto klarer werden sie ihm selbst.

Auch hier gilt wieder: Wenn Ihr Gesprächspartner sich mit der Frage nicht auseinander setzen will, fragen Sie ihn, ob er Hilfe zur Selbsthilfe haben möchte. Wenn die Antwort »Ja« lautet, stellen Sie ihm die unbeantwortete Frage noch einmal. Andernfalls brechen Sie das Gespräch ab.

Frage Nr. 4

Fragen Sie nach den vermuteten Zielen des Gegners: »Was glauben Sie, welche Ziele Ihre Gegenpartei verfolgt?« Ihr Gesprächspartner sollte seine Antworten schriftlich festhalten. Er stößt jetzt nämlich in einen Bereich vor, in dem er später vielleicht neue Vermutungen anstellen wird. In diesem Fall kann er beobachten, wie sich seine Vermutungen und Einstellungen bezüglich seines Gegenübers geändert haben. Auch hier gilt Ihre Ausstiegsoption, wenn Sie keine Antworten bekommen.

Frage Nr. 5

Jetzt fragen danach, wie der Konfliktgegner sich vermutlich fühlt. »Was, glauben Sie, fühlt Ihr Gegner?« Im ersten Anlauf werden Sie wahrscheinlich verblüffende Antworten erhalten, die, je nach emotionaler Verfassung, wenig Verständnis zeigen. Fragen Sie so lange nach, bis es keine Antworten mehr gibt. Auch diese

Antworten sollten schriftlich festgehalten werden. Der Versuch, die gegnerische Seite zu verstehen, ist unabdingbarer Bestandteil einer Konfliktlösung. Wenn Ihr Gegenüber sich also nicht mit dieser Frage beschäftigt, sollten Sie Ihr Engagement wie beschrieben beenden.

Frage Nr. 6

Als Nächstes fragen Sie, ob ihr Gesprächspartner Informationen darüber haben möchte, wie er selbst zur Konfliktlösung kommen kann: »Möchten Sie Informationen darüber haben, wie Sie diesen Konflikt lösen können?« (Nicht: »Möchten Sie meinen Rat, wie sich der Konflikt lösen ließe!«)

Jetzt können Sie Ihr Gegenüber mit den Informationen aus diesem Buch bekannt machen. Am besten beginnen Sie mit den Stufen der Eskalationstreppe.

Frage Nr. 7

Fragen Sie nun, auf welcher Stufe er seinen Konflikt einstuft und auf welcher Stufe sein Gegner den Konflikt wohl einordnen würde: »Auf welcher Eskalationsstufe sehen Sie Ihren Konflikt und was meinen Sie, auf welcher Stufe Ihr Gegner den Konflikt einordnen würde?« Wenn die Eskalationsstufe mit höher als vier bewertet wird und Sie den Eindruck haben, dass diese Einschätzung zutrifft, stehen die Chancen für eine Konfliktlösung aus eigener Kraft nicht gut. Stellen Sie Ihre Fragen weiter,

→ 10 fragen im überblick

1 Möchten Sie von mir Hilfe haben, damit Sie selbst Ihren Konflikt lösen können?

2 Welche Gefühle haben Sie in dem Konflikt? Sind Sie traurig/wütend/ärgerlich …? Möchten Sie vielleicht aufschreiben, was Sie hier erforschen?

3 Welche Ziele haben Sie in dem Konflikt? Was möchten Sie erreichen?

4 Was glauben Sie, welche Ziele Ihre Gegenpartei verfolgt?

5 Was, glauben Sie, fühlt Ihr Konfliktgegner?

6 Brauchen Sie Informationen darüber, wie Sie diesen Konflikt lösen können?

7 Auf welcher Eskalationsstufe sehen Sie Ihren Konflikt und was meinen Sie, auf welcher Stufe Ihr Gegner den Konflikt einordnen würde?

8 Was glauben Sie, zu welcher Art der Konflikt gehört, in dem Sie sich befinden?

9 Möchten Sie sich mit den Werkzeugen vertraut machen, die Sie zur Konfliktlösung brauchen?

10 Möchten Sie sich auf ein Lösungsgespräch vorbereiten?

aber behalten Sie im Hinterkopf, dass unter Umständen professionelle Hilfe benötigt wird.

Frage Nr. 8

Fragen Sie, welcher Konfliktart sein Konflikt zuzuordnen ist: »Was glauben Sie, zu welcher Art der Konflikt gehört, in dem Sie sich befinden?« Wenn Sie bis hierher gekommen sind, haben Sie einiges geleistet, obwohl Sie fast nur Fragen gestellt haben. Wahrscheinlich hat der im Konflikt Befindliche jetzt Feuer gefangen und will die Verantwortung für die Lösung des Konflikts übernehmen.

Frage Nr. 9

Fragen Sie, ob der Betreffende sich mit den für Konfliktlösungen notwendigen Kompetenzen beschäftigen möchte: »Möchten Sie sich mit den Werkzeugen vertraut machen, die Sie zur Konfliktlösung brauchen?« Diese Frage soll noch einmal ganz klar und deutlich aussprechen, wer den Konflikt löst und wer nicht.

Frage Nr. 10

Fragen Sie, ob der Betreffende sich auf ein Lösungsgespräch vorbereiten möchte: »Möchten Sie sich auf ein Konfliktlösungsgespräch vorbereiten?« Geben Sie alle Informationen, um die Sie gebeten werden und versorgen Sie Ihren Zögling mit möglichst viel Hintergrundinformationen. Stellen Sie sich als Übungspartner zur Verfügung. So richten Sie am allermeisten aus.

Resümee

Vielleicht erscheint Ihnen das vorgeschlagene Vorgehen als erbarmungslos konsequent. Viel-

gewalt?

Wenn Sie mit Gewalt in Berührung kommen, ist Ihre Verantwortung allerdings auf ganz andere Weise gefragt. Immer wieder spitzen sich Konflikte so zu, dass es zu Handgreiflichkeiten kommt. In diesen Fällen ist jeder gefordert, Verantwortung zu übernehmen und alles zu tun, um der Gewalt ein Ende zu setzen. Auch hier gilt: Werden Sie nicht Teil des Konflikts! Sorgen Sie dafür, dass die Kontrahenten auseinander kommen und erst dann wieder aufeinander treffen, wenn nicht mehr die Gefühle, sondern der Verstand dominiert. Wenn Ihnen das nicht alleine gelingt oder Sie es sich nicht zutrauen, holen Sie Hilfe.

leicht finden Sie das falsch. Oder Sie finden es richtig, haben aber nicht das Gefühl, das Gespräch so »durchziehen« zu können. Machen Sie sich daraus nichts. Coaches lernen über Jahre, ihre Aufgabe auf diese Art und Weise zu erfüllen. Versuchen Sie einfach, es ihnen nachzutun. Unterstützen Sie mit dieser Methode Ihren Gesprächspartner bei seiner Konfliktlösung einfach so gut Sie können. Das ist schon sehr viel wert.

interview

Die Karriereleiter nach oben gestiegen bin ich aus fachlichen Gründen, das war kein Problem. Doch seit ich meine Kollegen führe und betreue, habe ich gemerkt, dass die Praxis Kompetenzen von mir fordert, die mit Fachwissen nichts zu tun haben. Jetzt soll ich plötzlich Konflikte erkennen, ansprechen und angemessen reagieren. In diesen Punkten muss und möchte ich dazulernen. Schließlich wird meine Kompetenz als Führungskraft auch danach beurteilt, ob und wie gut ich schwierige Situationen meistere.

ALS FÜHRUNGSKRAFT EINGREIFEN

Untersuchungen haben gezeigt, dass das Konfliktmanagement heute bereits knapp ein Drittel der Tätigkeiten und Aktivitäten von Vorgesetzten ausmacht. Schon daran kann man erkennen, wie wichtig es für Weisungsbefugte ist, kompetent mit Konflikten umzugehen. Deshalb handelt dieses Kapitel in erster Linie von Konflikten, wie sie Mitarbeiter mit Personalfunktion nur zu gut kennen: Aus deren Sicht geht es um Konflikte in der eigenen Abteilung, also der Teammitglieder untereinander, oder um Konflikte zwischen Ihnen, dem Vorgesetzten selbst und seinen Mitarbeitern. Die Konflikte zwischen Personen einer Rangebene (Vorgesetzter vs. Vorgesetzter) und deren Konflikte mit Vorgesetzten gehören nicht in diese Kategorie. Um Missverständnisse zu vermeiden, scheint es sinnvoll, erst einmal zu klären, was mit dem hochtrabenden Begriff »Führungskraft« alles gemeint sein kann.

Was macht Sie zur Führungskraft?

Klar, einer Führungskraft sind Mitarbeiter unterstellt und sie bekommt mehr Gehalt als ihre Mitarbeiter. Doch das kann unmöglich alles sein, was eine Führungskraft ausmacht. Auf der Suche nach einer Definition findet man beispielsweise folgende Erklärungen: Führen heißt Mitarbeiter befähigen, die Unternehmensziele zu erreichen, den Erfordernissen und Gegebenheiten des Marktes gerecht zu werden, Veränderungsprozesse erfolgreich zu bewältigen und mit zu gestalten und ein Umfeld zu schaffen, in dem Menschen gute Leistungen erbringen wollen und erbringen. Im Klartext heißt das, jeden Tag wieder aufs Neue einen Balanceakt zwischen den Bedürfnissen der Mitarbeiter, den Interessen des Unternehmens und den eigenen Ansichten hinter sich zu bringen. Das gilt für Vorgesetzte mit einem Untergebenen in Kleinbetrieben ebenso wie für Führungskräfte des oberen Managements in großen Konzernen.

Was bedeuten Konflikte für ein Unternehmen?

Die Auswirkungen von Konflikten für ein Unternehmen können immens sein. Stimmt in einem kleinen Handwerksbetrieb beispielsweise das Betriebsklima zwischen Meister und Gesellen nicht mehr, kann sich das äußerst negativ auf die Leistungen und damit auch auf den Ruf und die Existenz des Betriebs auswirken. Schwelende Konflikte können aber auch extrem viel Geld kosten, wie folgendes Beispiel zeigt: Ein Unternehmen mit 300 Mitarbeitern befand sich in einer Umstrukturierungsphase, in der unterschiedlichste Maßnahmen geplant wurden. Da ständig widersprüchliche Informationen von der Geschäftsleitung durchsickerten und wiederholt versprochene Leistungen zurückgenommen wurden, waren alle verunsichert. Keiner war sich mehr sicher, wie es mit dem Unternehmen weitergehen würde und dementsprechend war das Konfliktpotenzial im Unternehmen angestiegen. Als die Geschäftsführung eine einzige, zusätzliche Mitteilung an alle Mitarbeiter veröffentlichte, die ihrem Inhalt nach noch nicht einmal besonders kritisch war, standen 300 Mitarbeiter einen Tag lang in den Fluren und diskutierten diese neueste Verlautbarung. An einem einzigen Tag das Ergebnis von 300 Arbeitstagen zu verlieren, bedeutet einen erheblichen Verlust einzufahren. Von dem Geld, das dieser »Diskussions-Tag« das Unternehmen kostete, könnte man einen Mitarbeiter für ein Jahr in einen bezahlten Urlaub schicken. Wer solche Ereignisse in ihren weiteren, über diesen einen Tag hinausgehenden Auswirkungen in finanzielle Größen um- und hochrechnet, kommt schnell auf exorbitante Zahlen.

Das macht deutlich, wie wichtig es ist, dass eine Führungskraft sich darum kümmert, dass die Leistungen der Mitarbeiter in einem konfliktarmen und störungsfreien Arbeitsumfeld erbracht werden können.

Doch wie kann die Konfliktkultur in einem Unternehmen so gestaltet werden, dass ein produktives Arbeiten möglich ist? Dazu sehen wir uns zunächst an, wie die Rahmenbedingungen für eine Konfliktkultur aussehen.

Welche Konfliktkultur herrscht vor?

In Unternehmen gibt es vielfältige Rahmenbedingungen, die darüber entscheiden, wie Konflikte entstehen, wie mit ihnen umgegangen wird und wie sie behandelt beziehungsweise gelöst werden. Wer diese Rahmenbedingungen auf den drei Ebenen der Unternehmensphilosophie, der Führungsstile und der organisatorischen Maßnahmen prüft, weiß anschließend wie konfliktfest das jeweilige Unternehmen ist. Vor allem für frisch gebackene Vorgesetzte lohnt es sich, auf diesen drei Ebenen nach Details und Hinweisen zur Konfliktkultur im Unternehmen zu suchen!

Konfliktkultur und Unternehmensphilosophie

Prüfen Sie zuerst, ob es offizielle Unterlagen über die Philosophie des Unternehmens, zum Beispiel in Form von »Mission Statements«, gibt. Aber auch andere Quellen geben Hinweise auf konfliktrelevante Details: Das schwarze Brett des Betriebsrats beispielsweise, an dem er seine Mitarbeiterinformationen veröffentlicht, oder das Brett der Geschäftsleitung oder Personalabteilung. Häufig finden sich auch in der Internetdarstellung der Firma oder im jeweiligen Intranet Hinweise auf die Unternehmensphilosophie.

Im günstigsten Fall wird in den Darstellungen zur Unternehmensphilosophie eine gewisse Streitkultur direkt angesprochen und in der täglichen betrieblichen Praxis entsprechend explizit gefördert. In den meisten Fällen geschieht das allerdings nicht.

Führungsstile und was sie aussagen

Das Klima in einem Unternehmen – egal ob groß oder klein – wird aber nicht nur durch die von Menschen erdachte Unternehmensphilosophie, sondern auch durch die dann tatsächlich gelebten Führungsstile und -strukturen bestimmt. Externe Berater bestätigen immer wieder, dass der persönliche Führungsstil der Geschäftsführung für das ganze Unternehmen prägend wirkt. Dementsprechend sucht der externe Berater (und wenn möglich auch die frisch gebackene Führungskraft) nach übergeordneten Strukturen und versucht Führungsstile zu identifizieren, die das Klima prägen. Grundsätzlich kann man drei Führungsstile unterscheiden: Den Ich-bezogenen Führungsstil, der mit seiner autoritären Ausrichtung in krassem Gegensatz zum Laisserfaire-Stil steht. Daneben existiert als dritte Variante der demokratisch/kooperativ bedürfnisorientierte Stil, der heute als am angemessensten gilt.

Man muss an dieser Stelle betonen, dass es durchaus erfolgreiche Vertreter aller Führungsstile gibt. Die wichtigste Erkenntnis bezüglich der Führungsstile ist wohl, dass sie jeweils zur Führungskraft passen müssen, dass sie nicht »angelernt«, »angenommen« oder »aufgestülpt« sein dürfen. Nur wenn der Stil und der Mensch zusammenpassen, ist das Verhalten der Führungskraft stimmig. Dies ist allem Anschein nach eine der wichtigsten Bedingungen erfolgreicher Führung. Am erfolgreichsten ist die Führungskraft, die »situativ« führen kann. Eine solche Führungskraft behandelt die Mitarbeiter je nach Entwicklungsstand unterschiedlich.

welchen führungsstil
bevorzugen sie?

Ich-bezogener Führungsstil

Bei diesem autoritären Führungsstil werden Entscheidungen ohne Mitwirkung der Betroffenen gefällt. Widerspruch, Opposition, interne Konflikte werden meistens unterdrückt. Unter diesem Führungsstil gibt es kaum eine Chance, Konflikte offen auszutragen. Meist entwickeln die Mitarbeiter eine abhängige und passive Haltung und tragen ein hohes Maß an Aggressionen und Spannungen mit sich herum, die sich entweder gegen unbeteiligte Außenstehende oder gegen den Vorgesetzten richten.

Laissez-faire-Stil

Dieser Führungsstil zeichnet sich dadurch aus, dass die Mitarbeiter von ihren Vorgesetzten nur die notwendigsten Anweisungen bekommen, dass sie sehr viel selbst entscheiden können (und müssen!) und dass die betreffende Führungskraft lieber Kumpel als Vorgesetzter der Mitarbeiter wäre. Führungskräfte wählen diesen Stil vor allem dann, wenn sie sich der Verantwortung ihrer Position nicht gewachsen fühlen, wenn sie wenig entscheidungsfreudig sind oder wenn sie stark von der Anerkennung ihrer direkten Umgebung abhängig sind. Unter diesem Führungsstil blüht und gedeiht die Austragung von Konflikten. Da jedoch notwendige Strukturen fehlen und die Mitarbeiter kaum geführt werden, kommt es immer wieder zu neuen Konflikten. Spannungen und Aggressionen unter den Mitarbeitern sind ähnlich hoch und ähnlich häufig wie unter dem autoritären Stil. Im Unterschied zum autoritären Stil richten sich die Aggressionen beim Laissez-faire-geführten Unternehmen aber nicht nach außen, sondern bilden ein inneres Chaos. Hier gedeihen zwar viele Ideen, wie Konflikte gelöst und die Zufriedenheit der Mitarbeiter gesteigert werden könnte, doch es fehlt die Führung, die Vorschläge und Ideen in die Tat umzusetzen. In handwerklichen Betrieben und Fertigungsabteilungen ist eine fehlende Ordnung am Arbeitsplatz ein Kennzeichen dieses Führungsstils.

Demokratisch/kooperativ bedürfnisorientierter Stil

Dieser Stil wird heute als angemessen betrachtet. Vorgesetzte mit diesem Stil agieren sowohl sach- als auch personenorientiert, gehen auf die Unterschiedlichkeiten der Mitarbeiter ein, verhalten sich dabei aber konsequent und kongruent. Unter diesem Führungsstil haben Konflikte die beste Chance, realistisch bearbeitet zu werden. Und in der Tat ist das Verhalten der Mitarbeiter meistens auf kooperative Lösungen ausgerichtet.

Gute Organisation hilft Konflikte vermeiden

Häufig ist auch eine schlechte Organisation dafür verantwortlich, dass in einem Unternehmen viel Zeit, Geld und Energie für die Bearbeitung von Konflikten verschwendet werden muss. In diesem Fall können Sie etwas tun:

Exakte Arbeitsbeschreibungen

Wer keine genauen Informationen besitzt, wie seine Arbeit aussehen und was dabei herauskommen soll, ist häufig in Ziel- und Rollenkonflikte verstrickt. Kompetenzen werden überschritten, man ist unsicher, wie die eigene Rolle in der Abteilung aussieht. Deswegen ist es immer sinnvoll, Arbeitsbeschreibungen in schriftlicher Form zu fixieren.

Informieren und sich informieren lassen –
es sollte nie zum Info-Stillstand kommen.

Die Information muss fließen

Wenn Ziel- und Beurteilungskonflikte vermieden werden sollen, muss ein funktionierender horizontaler (auf der gleichen Ebene verlaufender) und vertikaler (von oben nach unten und von unten nach oben gerichteter) Informationsfluss stattfinden. Das bedeutet, dass Mitarbeiter rechtzeitig erfahren sollten, wenn auf höchster Ebene Entscheidungen getroffen werden, die auch sie betreffen. Wenn erst einmal die Gerüchteküche am Kochen ist, sind Missverständnissen und Fehlinterpretationen Tür und Tor geöffnet. Dasselbe gilt natürlich auch für Projektarbeiten: Hier sollten alle Betroffenen auf den gleichen Informationsstand gebracht werden. Außerdem muss natürlich auch die Firmenspitze darüber informiert sein, was sich an der Basis tut.

In der Praxis hapert es gerade im Bereich der Informationssysteme recht häufig, weil deren Bedeutung regelmäßig unterschätzt wird.

Abgestimmte Rollensysteme

Für Mitarbeiter ist es darüber hinaus sehr wichtig zu wissen, für welche Rollen sie in Frage kommen (etwa bei Repräsentationsaufgaben) und für welche nicht. Dies gilt sozusagen in beide Richtungen: Zum einen müssen die Mitarbeiter Sicherheit darüber haben, welche Rollen sie schon einnehmen können und welche noch nicht. Zum anderen müssen die Mitarbeiter aber auch wissen, was sie nicht mehr zu tun brauchen. Beispielsweise ist es nicht sinnvoll, eine Mitarbeiterin, die mit Kunden verhandelt, als Krankenvertretung an den Empfang oder in die Telefonzentrale zu setzen, auch wenn sie diese Rolle früher einmal innegehabt hatte. Eine solche Notbesetzung schadet der Reputation der Mitarbeiterin und schafft unnötigen Konfliktstoff.

Partizipations- und Entscheidungssysteme

Die Möglichkeit, über eigene und betriebliche Belange mit zu entscheiden, ist eine wichtige Voraussetzung, dass die Mitarbeiter sich in ihren Bedürfnissen austauschen können. Und das trägt letztlich entschieden zu ihrer Zufriedenheit bei. Dazu gehört zum Beispiel auch ein gut funktionierendes Vorschlagswesen.

Auf Kooperation ausgerichtete Belohnungssysteme

Es ist gefährlich, den individuellen Wettbewerb innerhalb eines Betriebs nur einseitig

---

! tipp

Im Unternehmen läuft es besser, wenn die Mitarbeiter ...

✔ exakte Arbeitsbeschreibungen haben, in denen der Umfang der an sie gestellten Erwartungen genau definiert ist.

✔ ernst genommen werden und ihnen Kompetenzen zugestanden werden.

✔ wissen, was »oben« läuft.

✔ ihre Führungskräfte wissen lassen, was »unten« läuft.

✔ wissen, dass man ihre Arbeit schätzt.

✔ wissen, welche Rollen sie einnehmen können.

✔ wissen, welche Rollen sie nicht mehr einzunehmen brauchen.

✔ über betriebliche Belange mit entscheiden können.

✔ das Belohnungssystem nicht als Wettbewerb empfinden, sondern spüren, dass es auf Kooperation abzielt.

---

auszurichten, da die Arbeitskraft einzelner Mitarbeiter in kürzester Zeit erheblich darunter leidet. Zum anderen ist Teamwork heute mehr denn je gefragt. Wird ein sinnvolles, auf Kooperation ausgerichtetes Belohnungssystem eingeführt, erhöht sich dadurch nicht nur die Motivation des Einzelnen, sondern auch der Gruppe. Positiver Nebeneffekt: auch Neid und Beziehungskonflikte werden verhindert, weil die Vorgänge insgesamt transparenter sind.

Welche Kompetenzen braucht eine Führungskraft?

Wer seine Mitarbeiter erfolgreich führen will, darf die Augen nicht verschließen. Er muss sich den Konflikten im Unternehmen stellen und versuchen, so viel wie möglich zu ihrer Lösung beizutragen. Es sind vor allem elf Kompetenzen, die eine erfolgreiche, das bedeutet Konflikt-kompetente Führungskraft für ihr Berufsleben benötigt.

→ **erfolgreiche führungskräfte**

✔ ... verschließen vor Konflikten nicht die Augen.

✔ ... begreifen Konfliktmanagement als Führungsaufgabe.

✔ ... kennen Konfliktursachen, Konfliktarten und Eskalationsstufen.

✔ ... kennen vorbeugende Maßnahmen und können sie handhaben.

✔ ... können Kommunikationsstrukturen in ihren Abteilungen erkennen.

✔ ... haben und behalten die Übersicht.

✔ ... achten das Selbstwertgefühl anderer.

✔ ... achten die Weltbilder anderer.

✔ ... kennen ihre Grenzen.

✔ ... nehmen bei Bedarf Coaching in Anspruch.

✔ ... nehmen externe Hilfe in Anspruch.

Die Augen nicht verschließen

Jede Führungskraft sollte zuerst einmal ihr eigenes Konflikt- und Konfliktlösungsverhalten prüfen. Fragen Sie sich, ob Sie jedes Problem gleich für einen Konflikt halten oder ob Sie sehr lange brauchen, bis Sie bemerken, dass – ausgerechnet in ihrer Abteilung! – ein Konflikt lodert. Sollten Sie, wie übrigens die meisten Angestellten mit Führungsverantwortung, zur Gruppe der Letzteren zählen, erweitern Sie ihre Kompetenz »Konfliktwahrnehmung« (siehe Seite 52). Lernen Sie, Konflikte bereits im Anfangsstadium zu erkennen. Schauen Sie nicht weg, sondern sehen Sie hin, wenn Ihre Mitarbeiter mit langen Gesichtern und hochgezogenen Schultern durch die Gegend laufen. Spielen Sie in Gedanken durch, wie Sie handeln könnten, und sprechen Sie an, was Sie sehen. Gehen Sie den Dingen vor allem auf den Grund, nicht aus dem Weg.

Konfliktmanagement = Führungsaufgabe

Konfliktmanagement ist die Führungsaufgabe schlechthin und kann in keinster Weise auf Personalabteilungen abgeschoben werden – obwohl die Realität häufig anders aussieht. Wer seinen Schwerpunkt fast ausschließlich auf das Erreichen technisch-wirtschaftlicher Ziele ausrichtet, verkennt die Situation und sieht die Zusammenhänge nicht. Tatsache ist: Je häufiger Konflikte in Ihrer Abteilung auftreten, umso schlechter sieht es nicht nur mit Ihren wirtschaftlichen Ergebnissen, sondern auch mit Ihren Führungsqualitäten aus. Investieren Sie bei Bedarf also in Ihre Kompetenz »Konfliktmanagement«.

konflikt–werkzeugkasten

Wertekonflikte

✔ eine überzeugende Vision und klare Mission vertreten, mit der sich Menschen identifizieren können

✔ Wertvorstellungen und Spielregeln klären, die für alle verbindlich sind

✔ Mitarbeiter in die Entwicklung gemeinsamer Ziele und Strategien einbinden

✔ kritische Loyalität fordern und fördern

Sachkonflikte

✔ klare und regelmäßig überprüfbare Ziele vereinbaren

✔ wo dies nicht möglich ist: Grenzen und Bewegungsspielräume abstecken

✔ Besprechungen so führen, dass Kontroversen kreativ stimulieren und bereichern

✔ den horizontalen und vertikalen Informationsaustausch verstärken

✔ regelmäßige Treffen festlegen, um Probleme und Spannungen im Vorfeld

zu entdecken, zu klären und zielstrebig anzugehen

Beziehungskonflikte

✔ Offenheit und Vertrauen fördern, durch eigenes Verhalten positive Beispiele vermitteln

✔ Konflikte und Unstimmigkeiten aufgreifen und zur Sprache bringen

✔ klare Kompetenz- und Verantwortungsbereiche schaffen

✔ Rückmeldung über Ergebnisse, Leistung und Verhalten rechtzeitig und vor allem begründet geben

✔ Kritikrunden arrangieren (»360-Grad«)

Verteilungskonflikte

✔ durch Anreize einen sportlichen Ehrgeiz wecken, nicht durch Drohungen die Aktivitäten gegeneinander richten

✔ Spielregeln festlegen, die konkurrierende Aktivitäten verbindlich regeln

Konfliktursachen kennen ...

Für Führungskräfte ist es fast noch wichtiger als für die direkt am Konflikt beteiligten Mitarbeiter, Konfliktursachen zu erkennen und darüber hinaus bestehende Konflikte in Art und Stärke beurteilen zu können. Ein gelungenes Konfliktmanagement ist nur dann möglich, wenn man eine Vorstellung davon hat, auf welcher Stufe der Konflikt steht.

Ein Beispiel: Stellen Sie sich vor, Sie sind in einer fremden Stadt und haben einen Zielort, den Sie erreichen wollen. Sie kaufen sich einen Stadtplan und machen den Zielort auf diesem ausfindig. Nachdem Sie ihn auf dem Plan gefunden haben, laufen Sie los.

Nein. Zuerst einmal müssen Sie wissen, wo Sie gerade sind, und diese Stelle ebenfalls auf dem Stadtplan lokalisieren. Erst dann können Sie überlegen, wie Sie Ihren Zielort erreichen. Genauso verhält es sich mit dem Lösen von Konflikten auch. Entwickeln auch Sie Ihre Kompetenzen in der Beurteilung von Konflikten weiter.

beispiel

Ein neu eingestellter Einsatzleiter einer Gruppe von Service-Technikern, die Anlagen aufbauen und warten, stellt bald fest, dass er in einem heftigen Konflikt mit seinen Mitarbeitern steht. Sie umgehen ihren Vorgesetzten, indem sie sich ihre Aufträge direkt beim Außendienst abholen. Sie beschweren sich bei der Geschäftführung über den neuen Vorgesetzten, ohne ihn selbst darauf angesprochen zu haben. Schließlich wird ein externer Berater hinzugezogen. Bei dessen Nachforschungen ergibt sich, dass der ehemalige Vorgesetzte der Service-Techniker, jetzt einer der Geschäftsführer, seine Leute rein fachlich geführt hatte, organisatorisch hatten sie weitgehend freie Hand. Der neue Vorgesetzte kann gut organisieren und könnte die Abteilung dadurch noch besser strukturieren und auslasten. Fachlich kann er seinem Vorgänger nicht das Wasser reichen. Deshalb war vereinbart worden, dass der neue Vorgesetzte zwar die direkte Führungskraft sei, dass die Mitarbeiter aber jederzeit fachlichen Rat vom Ex-Chef einholen können.

... und vorbeugen

Reduzieren Sie das Konfliktpotenzial in Ihrer Abteilung/Gruppe/Team etc., indem Sie mit angemessenen Maßnahmen auf die unterschiedlichen Konfliktarten reagieren (siehe Seite 14f.).

Kommunikationsstrukturen erkennen

Eine gute Führungskraft weiß, wer mit wem »gut kann«. Wenn es Konflikte gibt, macht sich die Führungskraft aber auch Gedanken darüber, welche Strukturen zum Ausbruch des Konflikts beigetragen haben könnten. Hierzu reicht nicht nur die Kenntnis der »Chemie« zwischen den Mitarbeitern, dazu gehört auch die Beleuchtung der Struktur von Informationswegen fachlicher und disziplinarischer Führung etc.

Den Beispielkonflikt in Probleme zerlegen

Die Hauptprobleme des links beschriebenen Konflikts setzen sich aus folgenden Komponenten zusammen:

→ Eine neue Führungskraft soll die organisatorischen Versäumnisse des Vorgängers richten, ist diesem aber fachlich unterlegen und disziplinarisch unterstellt.

→ Der fachlich geniale Vorgänger ist weiterhin bequem für die Mitarbeiter erreichbar.

→ Man hat den Mitarbeitern sozusagen den »guten Vater« weggenommen.

→ Die Mitarbeiter sollen einem neuen Vorgesetzten in Dingen folgen, die für sie unbequem sind (organisatorische Straffung).

→ Der neue Vorgesetzte kann sich im Zweifel niemals gegen den Rat des alten Vorgesetzten

durchsetzen, da dieser auch sein Vorgesetzter
ist und zu allem Überfluss keineswegs die
Absicht hat, sich aus allem herauszuhalten.
Das Beispiel zeigt, dass es konfliktträchtige
Kommunikationsstrukturen gibt, die durch-
schaut und optimiert werden müssen, wenn
eine Konfliktlösung von Dauer sein soll.

Übersicht haben und behalten

Eine weitere wichtige Kompetenz erfolgreicher
Führungskräfte besteht darin, dass sie die
Übersicht und einen kühlen Kopf behalten,
auch wenn es hoch hergeht und sie selber
betroffen sind, angefeindet werden oder mitten
im Konflikt stehen. Das kann nur gelingen,
wenn man im Vorfeld daran arbeitet.
Als »Newcomer« kann es sehr helfen, wenn
man dabei Hilfe von erfahrenen Führungskräf-
ten, am besten auf gleicher Ebene, bekommt.
Diese müssen bereit sind, eine Mentorfunktion
zu übernehmen und einen mehr oder weniger
regelmäßigen Austausch zu pflegen.

Selbstwertgefühle achten

Eine Abteilung bekommt eine neue Abteilungsleiterin, die für eine Konfliktklärung einen
Berater hinzuruft. Ein Vorgespräch ergibt, dass
die Abteilung erst vor kurzem aus zwei Abteilungen zusammengelegt wurde. Dabei wurden
die Strukturen einer der beiden Abteilungen
übernommen, die andere hatte ihre alten
Strukturen aufzugeben und sich denen der
anderen Abteilung anzupassen. Es sind sozusagen »neue« Mitarbeiter zu einer »alten« Abteilung hinzugekommen. Nun zeigt sich das Problem, dass sich die »neue« Mannschaft nur
schlecht in die alte integrieren lässt: »Alte« Mit-

*Ein Glücksfall: Ein erfahrener Kollege unterstützt
junge Führungskräfte bei der Lösung von Konflikten.*

arbeiter teilen mit »alten« Kollegen Büros, die
»neuen« halten es genauso; es findet also keine
Durchmischung der beiden Abteilungen statt.
Beide Gruppen gehen getrennt zum Mittages-
sen, die Zusammenarbeit ist schlecht, das Verhalten unkollegial. Als Folge hat die Abteilung
seit einiger Zeit den Ruf, keine gute Arbeit
abzuliefern. Als die Konfliktlösung vorbereitet
wird, erhält der Konfliktberater eine neue,
zusätzliche Information: Es gab vor einiger Zeit
einen starken Zusammenstoß zwischen der
Abteilungsleiterin und den Mitarbeitern, bei
dem sich beide Seiten im Recht fühlten. Die
Abteilungsleiterin verlor die Nerven und brüllte
die Mitarbeiter, die so etwas noch nie erlebt
hatten, an. Seitdem sind die Mitarbeiter gegenüber ihrer Vorgesetzten misstrauisch. Durch
diesen Ausbruch kam es zu einem echten Rück-
schritt: Keiner der Beteiligten mochte so recht

über diesen Vorfall reden. Der Berater nahm dennoch diesen Zusammenstoß zum Anlass für die Durchführung eines Konfliktlösungsgesprächs, dem Abteilung und Vorgesetzter schließlich zustimmten.

Als im Konfliktlösungsgespräch dann die tiefen Ebenen der Gefühle ans Licht kommen durften, entstand eine neue Aufbruchsstimmung, die letztendlich dazu führte, dass der ursprüngliche Konfliktanlass (die mangelnde Kooperation der »alten« und »neuen« Mitarbeiter) sich in Luft auflöste.

Eigentlich ist es eine Selbstverständlichkeit und dennoch eine besondere Aufgabe der Führungskraft: Die Selbstwertgefühle der anderen, in diesem Fall der Mitarbeiter, müssen geachtet werden. Das heißt nun beileibe nicht, dass man seine Mitarbeiter nur noch mit Samthandschuhen anfassen soll. Es bedeutet aber, dass man nicht an der Persönlichkeit des anderen »kratzt«, dass man ihn also unter allen Umständen respektiert.

Weltbilder achten

Unsere Weltbilder kann man sich vorstellen wie kleine Bausteine, aus denen ein Teil unseres Selbstwertgefühls zusammengesetzt ist. Zur Achtung anderer Personen gehört auch, ihre Weltbilder zu achten. Wenn Sie es als Vorgesetzter für unbedingt notwendig erachten, bestimmte Weltbilder mit Ihren Mitarbeitern zu diskutieren, so beachten Sie bitte Folgendes: Weltbilder sind tatsächlich wie Bausteine einer Wand zu verstehen. Es gibt welche, die bilden das Fundament (zu Beispiel »Gott heißt Allah«), es gibt welche, die stecken mittendrin (»Frauen sollten verschleiert gehen«), und es

gibt welche, die liegen ganz oben (»Europäer sind schlecht«). Und nur die peripheren Bilder, also die ganz oben, lassen sich in irgendeiner Weise diskutieren. Wenn Sie, um bei diesem Bild zu bleiben, Bausteine diskutieren wollen, die sich in der Wand irgendwo in der Mitte befinden oder gar unten liegen, dann wundern Sie sich nicht, wenn Sie auf heftige Gegenwehr stoßen. Wahrscheinlich befürchtet der Betreffende, dass ihm die ganze Mauer einstürzt.

Eigene Grenzen kennen

Wer eine leitende Funktion übernimmt, sollte seine Grenzen kennen – dies gilt insbesondere für die drei Aspekte Zeit, Interesse und Fähigkeiten, die im Mittelpunkt unseres täglichen Lebens als Führungskraft stehen. Zu diesem Punkt siehe auch nebenstehenden Kasten.

Im Bedarfsfall: Coaching ...

Hinter dem Begriff »Coaching« verbirgt sich ein Beratungs- und Betreuungsprozess, in dem ein externer Coach als Feedbackgeber, als Spiegel und persönlicher Berater auftritt. Er hilft der Führungskraft, ihre beruflichen Anforderungen, Fähigkeiten und Probleme zu reflektieren und selbst Lösungen zu erarbeiten. Dadurch soll die Wahrnehmung erweitert und ihr Tun und Verhalten verbessert werden. Von den verschiedenen Coachingformen hat sich in letzter Zeit das Einzelcoaching durch externe Coaches weitgehend durchgesetzt.

Grundlagen für ein erfolgreiches Coaching sind Vertrauen in den Coach, Diskretion und freiwillige Teilnahme – es sollte also niemand zum Coaching gezwungen werden. Wenn diese drei Grundlagen bei »Ihrem« Coach gegeben

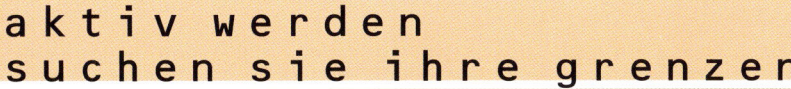

aktiv werden
suchen sie ihre grenzen

✔ **Zeit**

Viele Vorgesetzte stehen unter starkem Zeitdruck. Das operative Geschäft, das Berichtswesen, diverse Meetings und nicht zuletzt das Lesen von Memos und E-Mails fressen den größten Teil des Tages auf – die eigentliche Führungsarbeit wird »nebenher« erledigt. Entspannungspausen zur Erneuerung der Spannkraft und Kreativität fallen meistens ganz flach. Suchen Sie nach Zeitfressern, um mehr Zeit für Ihre Führungsaufgaben und damit auch das Konfliktmanagement zu gewinnen. Reservieren Sie bestimmte Zeiten am Tag exklusiv für Ihre Führungsaufgaben. Wenn Sie aus Zeitmangel Konflikte nicht selbst umfassend bearbeiten können, sollten Sie frühestmöglich externe Hilfe in Anspruch nehmen.

✔ **Interesse**

Menschen haben unterschiedliche Interessensprofile. Manche sind begeistert davon, mit Menschen zu arbeiten und Führungsaufgaben wahrnehmen zu können. Andere wiederum empfinden diesen Aspekt ihrer Arbeit als eher hinderlich; sie gehen in ihrer fachlich anspruchsvollen Arbeit auf und möchten möglichst wenig mit Menschenführung zu tun haben. Fast jeder Mensch hat in

der einen oder anderen Richtung Defizite, die man allerdings nur dann ausgleichen kann, wenn man sie auch kennt. Wer seine Außendiensttechniker fachlich hervorragend führt, organisatorisch aber keinerlei Handlungsbedürfnisse verspürt, sollte die Organisation des Einsatzplans vielleicht einem Assistenten übertragen – das tut niemandem weh, hilft aber allen. Also: Beobachten Sie sich selbst und suchen Sie nach Ihren Stärken und Schwächen in diesem Bereich, erbitten Sie sich Feedback, um Ihre Begrenzungen kennen zu lernen. Zögern Sie nicht zu lange, bevor Sie sich bei Bedarf die Leistungen von außen dazuholen.

✔ **Fähigkeiten**

Hier gilt das Gleiche: Seien Sie aufmerksam gegenüber Ihren eigenen Begrenzungen. Bilden Sie sich weiter. Sorgen Sie für Feedback. Verschaffen Sie sich Leistung, die Sie nicht selbst erbringen können, von außen.

✔ **Für alle drei Aspekte gilt:** Erkennen Sie Ihre persönlichen Grenzen, respektieren Sie diese und dehnen Sie sie nach Bedarf zum Beispiel durch Lernen, Einkauf von Dienstleistungen und Kooperationen aus.

Ein externer Coach tritt als persönlicher Berater auf und gibt Hilfe zur Selbsthilfe.

Verfahren der Konfliktbearbeitung

In Ihrem Team, Ihrer Gruppe, Ihrer Abteilung hat es gekracht: Aus einem Problem ist ein Konflikt geworden, der nicht mehr zu übersehen ist. Egal, ob der Konflikt sich still und leise ausweitet oder direkt vor Ihren Füßen explodiert – greifen Sie ein und unterstützen Sie die Konfliktbeteiligten bei der Beilegung des Konflikts!

Führen Sie Informationsgespräche

Als Erstes sollten Sie sich einen Überblick über die Konfliktlage verschaffen. Dazu führen Sie mit möglichst allen Beteiligten Informationsgespräche, bei denen es nicht darum geht, Partei zu ergreifen oder gar einer Seite Versprechungen zu machen. Sinn und Zweck dieser Informationsgespräche ist einzig und allein, ausreichend Informationen zu sammeln, um den Konflikt verstehen zu können. In diesen Gesprächen können Sie sich ein Bild machen, ob die Beteiligten derzeit zu einem Lösungsgespräch fähig sind. Vor dem Beginn solcher Informationsgespräche kann es hilfreich sein, sich klarzumachen, was man eigentlich erfahren will. Mit Hilfe der folgenden Checkliste muss man keine Angst haben, etwas zu vergessen und erhält ein umfassendes Verständnis des Konflikts.

sind, kann er Ihnen helfen, Ihre Kompetenzen – gerade im Bereich Konfliktlösungsverhalten – zu verbessern. Auch wenn Sie generell Ihren Führungsstil optimieren möchten oder Unterstützung in einem konkreten Konfliktfall benötigen, ist Coaching das Mittel der Wahl.

... und externe Hilfe

Sie können wählen: Klärungshelfer, Mediatoren, Konfliktmoderatoren und Konfliktberater arbeiten mit Ihnen oder an Ihrer Stelle mit den Konfliktbeteiligten. Es lohnt sich, einen Konflikthelfer zu engagieren, anstatt aus Angst die Lösung zu verschleppen. Vor allem wenn Sie selbst in den Konflikt involviert sind, sollten Sie auf externe Hilfe zurückgreifen, denn Sie können den Konflikt nicht aus eigener Kraft lösen.

Suchen Sie eine Lösungsaussprache

Wenn Konflikte noch nicht allzu weit fortgeschritten sind, kann die Lösungsaussprache das richtige Instrument sein, um den Konflikt zu bearbeiten. Je höher allerdings die Eskalationsstufe ist, auf der er sich befindet, umso mehr

checkliste konflikt

Was ist das Thema des Konflikts?

✔ Welche Themen nennen die Parteien?

✔ Stimmen die Themen der Parteien überein?

✔ Geht es um persönliche Ansichten oder um objektive Sachverhalte?

Wer sind die Konfliktparteien?

✔ Einzelpersonen, Abteilungen oder irgendwelche Gruppierungen?

✔ Gibt es Verbündete? Gibt es am Konflikt interessierte Dritte?

✔ Fühlt sich eine Seite der anderen moralisch überlegen?

✔ Ist eine Seite übergeordnet?

✔ Ist eine Seite im Arbeitsablauf von der anderen abhängig?

✔ Welche Forderungen kann eine Partei aufgrund ihrer Position an die andere stellen?

Wie äußert sich der Konflikt?

✔ Ist der Konflikt heiß oder kalt?

✔ Handelt es sich um einen Beziehungs-, einen Sach-, einen Verteilungs- oder einen Wertekonflikt?

Halten die Parteien den Konflikt noch für lösbar?

✔ Auf welcher Eskalationsstufe befindet sich die Auseinandersetzung?

Wie hat sich der Konflikt entwickelt?

✔ Was hat ihn ausgelöst?

✔ Welche Ereignisse haben ihn vermutlich verschärft?

✔ Was versprechen sich die Parteien von einer Fortsetzung des Konflikts?

✔ Was glauben sie zu verlieren, wenn sie sich mit der Gegenseite verständigen?

Was hat der Konflikt gebracht?

✔ Ist er beendet?

✔ Was könnte ihn wieder ausbrechen lassen?

✔ Wie gehen die Parteien mit dem Ergebnis um?

✔ Welchen Schaden hat der Konflikt den Parteien gebracht?

✔ Welchen Nutzen hat er den Parteien gebracht?

✔ Welchen Schaden und Nutzen hat der Konflikt dem Unternehmen gebracht?

---

wachsen auch die Anforderungen an den Moderator, und das sind in diesem Fall Sie als Vorgesetzter. Tasten Sie sich am besten an Ihre Grenzen heran – Sie werden bald feststellen, welche Konfliktstufen Sie im Lösungsgespräch noch bearbeiten können.

In der Lösungsaussprache ist es besonders wichtig, dass jede Partei zu Wort kommt und ihre Anliegen vortragen kann, ohne ständig von der Gegenpartei unterbrochen zu werden und ohne dass der Streit wieder aufflammt. Es ist ebenso wichtig, dass jede Partei ausdrücken

beispiel

Die Vertriebs- und Technikmitarbeiter eines Unternehmens, das EDV-Anlagen konzipiert, aufbaut und wartet, liegen im Clinch miteinander. Die Vertriebler beschweren sich darüber, dass ihre Vorgaben nicht umgesetzt werden. Die Technikmitarbeiter beklagen sich, dass sie keine anständigen Unterlagen bekommen. Es gibt scheinbar ruhige Phasen in der Zusammenarbeit, die jedoch immer wieder von massiven Störungen unterbrochen werden. Die Vertriebler genießen insgesamt keinen kooperativen Ruf im Haus. Einige der Techniker verstehen sich aber ganz gut mit ihnen, was wiederum zu Konflikten innerhalb der Techniker führt. Die Geschäftsleitung hat die Parteien – nach anfänglichem Ignorieren des Konflikts – wiederholt aufgefordert, den Konflikt selbst zu lösen nach dem Motto: »Setzt euch mal zusammen und klärt das unter euch«. Dieser Aufforderung nachzukommen, wurde aber immer wieder verschleppt, und alle Gespräche, die bisher zustande gekommen sind, wurden nur halbherzig angegangen.

Ein gut vorbereitetes und sorgfältig geführtes Lösungsgespräch schaffte hier die Grundlage für gegenseitige Akzeptanz und gute Zusammenarbeit.

kann, welche Gefühle sie hat und dass die Gegenpartei sich dies auch anhört. Nachdem das geschehen ist, wird es den Konfliktparteien schon wesentlich leichter fallen, Verständnis für die jeweils andere Seite aufzubringen, zumindest aber deren Anliegen und Gefühle im Grundsatz zu akzeptieren.

Suchen Sie nach den Interessen!

Danach kann nach Lösungen gesucht werden. Streben Sie prinzipiell Lösungen an, die für alle Beteiligten akzeptabel und sinnvoll sind. Versuchen Sie deshalb, den Konfliktparteien nicht nur Ihre Positionen, sondern auch die dahinterliegenden tieferen Interessen zu entlocken. Sind diese erst einmal erkannt, lassen sich oft elegante Lösungen finden, die den Interessen aller Parteien entsprechen, auch wenn sie dafür die eine oder andere Position aufgeben mussten (was ihnen aber in aller Regel leicht fällt, wenn sie den Zusammenhang von Interesse und Position verstanden haben).

Prüfen Sie die gefundenen Lösungen sorgfältig daraufhin, ob sie dauerhaften Frieden ermöglichen. Denken Sie daran, eine Lösung, die schon bald einen Folgekonflikt nach sich zieht, ist keine wirkliche Lösung.

Es ist aber auch möglich, dass ein Lösungsgespräch – zumindest vorerst – keine Lösung bringt. Man einigt sich dann sozusagen darauf, nicht einig zu sein. Auch damit kann man leben, wenn diese Situation für alle Beteiligten akzeptabel ist. Voraussetzung für diese Variante ist allerdings, dass Groll, Zorn und Verletztheit der Beteiligten ausgesprochen und akzeptiert wurden und damit ihre gefährliche konflikttreibende Funktion verloren haben.

Zuweilen ist Ihr Machtwort gefragt

Manchmal bleibt ein Lösungsgespräch ohne Erfolg, obwohl ein Ergbnis – aus irgendeinem Grund – zwingend erzielt werden müsste. In diesem Fall sind Sie als Führungskraft gefragt: Sie müssen nun die Konsequenz ziehen und eine Entscheidung fällen, die Sie mit einem Machtwort durchsetzen. Besonders bei Sach- und Verteilungskonflikten ist das häufig notwendig, da es keine gerechte Lösung gibt: Manchmal kann eben nur einer von Zweien befördert werden, auch wenn beide Bewerber gleich gut qualifiziert sind.

Ist ein Konfliktgespräch trotz aller Bemühungen ergebnislos verlaufen, gibt es außerdem die Möglichkeit, das Los entscheiden lassen. Der neutrale Losentscheid ist für die Beteiligten oftmals leichter zu akzeptieren als das Machtwort des Vorgesetzten – denn bei einer Verlosung der Verlierer zu sein ist für das Selbstwertgefühl wesentlich weniger anstrengend als sich vom Vorgesetzten – vielleicht ja doch aus fachlichen Gründen – zurückgesetzt zu fühlen.

Auch die Verlierer gehen nicht leer aus

Manchmal ist es aber auch möglich, Entscheidungen durch ein Machtwort zu treffen und der benachteiligten Partei zum Ausgleich andere Vorteile zu versprechen. Vor allem bei Verteilungskonflikten kann dies zuweilen eine sehr gute Lösung sein, mit der normalerweise alle Beteiligten zufrieden sind.

Auseinander!

Manchmal geht nichts mehr. Wo Menschen sich einfach nicht »riechen« können, wo krasse

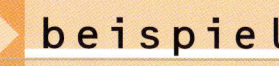

beispiel

Eine Abteilung soll demnächst neue Räume beziehen. Bei einer gemeinsamen Besichtigung der Räumlichkeiten wird schnell deutlich, wer in welchem Raum arbeiten möchte. Dem Vorgesetzten wird klar, dass es keine gute Idee wäre, den Mitarbeitern die Entscheidung über die Raumbelegung zu überlassen. Einerseits gibt es Büros, um die es bestimmt Streit geben würde, andererseits lässt sich schon in dieser Phase absehen, dass bei den vorhandenen Vorlieben organisatorisch eine »Abteilung der langen Wege« entstehen würde. Da ein Losentscheid dadurch ausscheidet, bleibt der Führungskraft nur, selbst über die Raumbelegung zu entscheiden und ein Machtwort zu sprechen, womit der Samen für Folgekonflikte gelegt ist. Die Führungskraft hätte besser daran getan, gar nicht erst den Eindruck zu vermitteln, dass die Mitarbeiter »ihre Räume« selbst auswählen dürfen. Versprechungen zu machen, die man später nicht einhält, ist als grober Führungsfehler anzusehen. Sich zutrauen ein Machtwort zu sprechen, ist jedoch eher ein Zeichen von Führungsstärke und wird von den Mitarbeitern als solches in der Regel auch akzeptiert.

beispiel

Eine Fertigungsabteilung wird umstrukturiert. Im Rahmen dieser Umstrukturierung wird festgestellt, dass die Computer, die an jedem Fertigungsplatz installiert sind, dort eigentlich gar nicht benötigt werden, dafür aber an anderer Stelle im Unternehmen sehr viel sinnvoller eingesetzt werden könnten. Das führt in der Fertigungsabteilung zu einem Konflikt zwischen dem Abteilungsleiter und den Mitarbeitern – sie fühlen sich durch die Wegnahme der Rechner in ihrem Status beeinträchtigt. Der Vorgesetzte entscheidet nun folgendermaßen: Es bleibt dabei, die Arbeitsplatzrechner werden abgeschafft. Als Ausgleich wird ein zentraler Rechner installiert, den alle Mitarbeiter benutzen können. So können Sie weiterhin E-Mails empfangen und Aufgaben sowie Termine verwalten. Außerdem werden die Arbeitsplätze mit Hilfsvorrichtungen und Werkzeugen ausgestattet, welche die Fertiger sich schon lange gewünscht hatten, deren Anschaffung aus Kostengründen bisher aber abgelehnt worden war.

Mit dieser Entscheidung und damit Lösung des Konflikts waren alle Beteiligten zufrieden – positiver Nebeneffekt: dadurch wurde auch die Effektivität der Abteilung erhöht.

weltanschauliche Differenzen vorliegen, wo Ekel eine Rolle spielt, muss es ein Machtwort geben. Und dieses Machtwort kann nur »Auseinander!« heißen. Muten Sie Ihren Mitarbeitern nicht länger zu, in solchen Konfliktfeldern arbeiten zu müssen, trennen Sie die Kontrahenten voneinander. Geben Sie ihnen, wenn möglich, unterschiedliche Arbeiten an verschiedenen Arbeitsplätzen. Sorgen Sie dafür, dass die betreffenden Personen sich nicht gegenseitig zuarbeiten müssen. Wenn solche Maßnahmen in Ihrem betrieblichen Umfeld nicht durchführbar sein sollten, müssen Sie in den sauren Apfel beißen und die Kraft aufbringen, einen der Beteiligten aus dem Unternehmen zu entfernen. Dies ist in einem solch aussichtslosen Fall die einzige Möglichkeit, den Konflikt zu beenden.

Eine Angestellte fühlt sich beispielsweise von einem Mitarbeiter, mit dem sie das Büro teilt, belästigt. Es lässt sich dem Mitarbeiter kein sichtbar fehlerhaftes Verhalten nachweisen, dennoch gibt es ganz offensichtlich einen Konflikt. Hier tut eine Führungskraft gut daran, nicht lange zu zögern und dafür zu sorgen, dass die beiden nicht mehr in einem gemeinsamen Büro arbeiten müssen.

Lassen Sie sich helfen!

Als Vorgesetzter werden Sie natürlich kaum darum herumkommen, Entscheidungen zu fällen und von Zeit zu Zeit ein Machtwort zu sprechen. Es ist aber nicht unbedingt notwendig, dass Sie selbst den Konflikt diagnostizieren und die Informations- sowie Lösungsgespräche führen. Dafür gibt es vielfältige externe Hilfe.

beispiel

In einer Fertigung für elektronische Geräte sollen die Mitarbeiter bereits seit drei Monaten in Teams fertigen statt jeweils alleine. Die Mitarbeiter haben einen neuen Vorgesetzten, dessen Vorgänger sich von dieser Reorganisation einiges versprochen hatte: Die Fertigungssteuerung sollte einfacher werden, das Know-how der Mitarbeiter sich ergänzen, Auftragsspitzen sollten besser abgefangen werden. Die zusammengestellten Teams hatten keine Teamleiter, sondern sollten ihre Arbeit selbstständig unter sich organisieren und aufteilen. Jedes Team sollte jedoch einen Teamsprecher wählen, der die Belange des jeweiligen Teams vertritt. Die Teamsprecher waren schon nach kurzer Zeit heftigen Anfeindungen ausgesetzt, da ihnen vorgeworfen wurde, ihren Informationsvorsprung für ihr eigenes Fortkommen auszunutzen. Dadurch wurden die Teamsprecher immer wieder abgewählt, doch den neu Gewählten erging es nach einiger Zeit nicht besser. Mittlerweile war niemand mehr bereit, die Rolle eines Teamsprechers zu übernehmen. Faktisch fand allerdings auch keine Teamarbeit statt, da die ehemaligen Fertigungssteuerer vorsichtshalber wie früher die Einzelsteuerung betrieben, nachdem sie die Widerstände in den Teams bemerkt hatten. Der neue Vorgesetzte sah sich Angriffen ausgesetzt, die ihn dazu veranlasste externe Hilfe in Anspruch zu nehmen. Als der Berater den Konflikt bewertet, kommt unter anderem Folgendes zutage: Die Gruppe der Fertiger ist mit sehr unterschiedlichen Charakteren besetzt, was bei der Teamzusammenstellung jedoch nicht beachtet worden war. Außerdem nagt in einigen Mitarbeitern noch die Enttäuschung, dass Versprechen, die zuerst gegeben wurden, später wieder zurückgenommen worden waren. Einige der sehr kompetenten und fähigen Mitarbeiter fürchten zudem, dass ihre Leistungen absinken, wenn sie mit weniger leistungsfähigen Kollegen zusammenarbeiten. Und dies könne ihr berufliches Vorwärtskommen behindern.

Sie sehen, wie komplex Konflikte werden können, wenn sie nicht schnell und an der Wurzel bearbeitet werden. Die Situation war, wie sich später herausstellte, sogar noch um einige Facetten reicher als hier beschrieben. Entstanden waren die Konflikte durch eine Anhäufung von Führungsfehlern, die jeweils weitergeschleppt und nicht gelöst wurden. Auf die Informationsgespräche folgte die Bearbeitung und Lösung des Konfliktgeschehens.

interview

> Als Konfliktberater werde ich dann zu Hilfe gerufen, wenn eine Organisation selbst nicht mehr weiter weiß, wenn Konflikte sich festgefahren haben. Meine Arbeit soll helfen, und sie ist auch Hilfe zur Selbsthilfe. Meine größte Freude ist, wenn nach einer erfolgreichen Konfliktbegleitung die Beteiligten selbst in der Lage sind, in Zukunft ihre Konflikte ohne meine Hilfe zu bewältigen.

EXTERNEN RAT EINHOLEN

Wenn Sie in einem Konflikt feststecken und selbst nicht mehr weiterkommen, sollten Sie als Vorgesetzter nicht zögern, Hilfe zu holen. Konflikte kommen dem Unternehmen in der Regel teuer zu stehen und können umso schneller und durchgreifender gelöst werden, je früher man an ihnen arbeitet. Leider fehlt in den Unternehmen auch noch immer die soziale Akzeptanz von Konflikten. So mancher sieht nicht hin, wenn es Reibereien gibt und daraus Konflikte entstehen. Sicherlich muss man nicht aus jeder Mücke einen Elefanten machen, aber in vielen Unternehmen verhält es sich genau andersherum: Da ist der Konflikt schon längst zum Elefanten geworden, die Führungskräfte denken aber immer noch, dass er im nächsten Moment von selber wegfliegt. Seien Sie also aufmerksam gegenüber Konflikten. Versuchen Sie nicht, Auseinandersetzungen und kritische Zustände zu beschönigen. Sehen Sie der Konfliktwahrheit ins Auge, wenn sie denn da ist. Und handeln Sie.

Sie selbst stecken im Konflikt

Wenn Sie als Führungskraft in einen Konflikt verwickelt sind, können Sie nur innerhalb der ersten beiden Eskalationsstufen wesentlich zu seiner Lösung beitragen. Bei weiter entwickelten Konflikten vertrauen sich die Parteien in aller Regel gegenseitig nicht mehr genug, um auf Lösungsvorschläge der anderen Seite unbefangen einzugehen. Schlimmer noch, es wird Ihnen selbst, ohne dass Sie das merken, gar nicht mehr gelingen, ohne weiteres unbefangene Lösungsvorschläge zu machen. Deshalb sollten Sie sich eingestehen, dass hier eine Grenze erreicht ist und Sie Hilfe von dritter Seite in Anspruch nehmen sollten. Dieses Problem haben übrigens nicht nur Führungskräfte: Auch Konfliktmoderatoren selbst, die ja eigentlich über ein ganz ordentliches Handwerkszeug verfügen, unterliegen diesem Effekt, sobald sie selbst in einen Konflikt verwickelt sind.

Sie haben keinen Durchblick mehr

Auch wenn das Konfliktgeschehen für Sie undurchschaubar wird, müssen Sie in diesem Sinne handeln. Wenn Sie also ahnen, dass der Konflikt komplexer ist als Sie sehen können, sollten sie nicht zögern, Hilfe zu holen. In diesem Fall befindet sich der Konflikt wahrscheinlich auch schon in recht fortgeschrittenem Stadium oder ist sogar verhärtet. Besonders für bereits länger bestehende Konflikte gilt außerdem, dass die verschiedenen Konflik-

tarten sozusagen durcheinanderlaufen und die Konfliktparteien sich die unterschiedlichsten Verletzungen zugefügt haben. Ein Grund mehr, den Konflikt jetzt zügig und professionell zu bearbeiten.

Welche Hilfe passt zum Konflikt?

Menschen, deren Beruf es ist, mit Konflikten anderer umzugehen, verfolgen zum Teil sehr unterschiedliche Ansätze. Die Bandbreite der Möglichkeiten und Methoden professioneller Unterstützung in Konflikten ist also beachtlich. Ihr jeweils sinnvoller Einsatz hängt unter anderem von der Art des Konflikts und von der Eskalationsstufe, auf der sich der Konflikt befindet, ab. Die folgenden Abschnitte stellen Ihnen die Methoden der Klärungshilfe, der Mediation, der Konfliktmoderation und der Konfliktlösungsbegleitung im Einzelnen vor. Damit werden die hauptsächlich in der beruflichen Praxis Europas und Amerikas vorkommenden Methoden beschrieben, allerdings ohne Anspruch auf Vollständigkeit. Außerdem werden Schiedsgerichtsverfahren und ähnliche Methoden der Konfliktentscheidung hier nicht aufgeführt.

Die Abgrenzung zwischen den Methoden ist manchmal nicht einfach vorzunehmen, da sie sich zum Teil weit überschneiden. Im Idealfall hat der hinzugerufene Konfliktberater alle Methoden in seinem Werkzeugkasten und wendet sie je nach Situation zweckdienlich an. Wenn Sie einmal Gelegenheit haben sollten, einen solchen Berater bei der Arbeit zu erleben, werden Sie feststellen, dass Sie ihn in keine

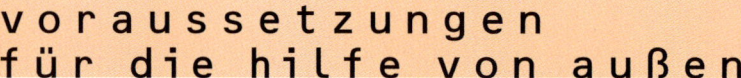

voraussetzungen für die hilfe von außen

Für alle hier vorgestellten Methoden gilt: Die Chemie zwischen dem Konfliktberater und den Konfliktparteien muss stimmen. Die professionellen Helfer haben keinerlei (Durchsetzungs-)Macht. Sie können die Konfliktlösungen nur begleiten und sind dabei auf die Akzeptanz der Konfliktparteien angewiesen. Klären Sie auf jeden Fall in einem Vorgespräch, ob diese Akzeptanz gegeben ist, sonst stehen die Bemühungen des externen Beraters unter keinem guten Stern. Er hätte nur wenig Chancen, seine Arbeit gut zu machen, wenn er von den Konfliktparteien nicht als fachlich zumindest gleichwertig angesehen wird. Reicht die fachliche Kompetenz nicht, kann er aus anderen Gründen als sozial überlegen oder zumindest gleichwertig angesehen und akzeptiert werden. Ist auch diese Bedingung nicht erfüllt, muss der Konfliktberater wenigstens deutlich älter sein als die Konfliktgegner.
Ein krasses Beispiel: Universitätsprofessoren werden sich wahrscheinlich dagegen sperren, Konflikte untereinander mit Hilfe eines Moderators zu lösen, der keinen Studienabschluss hat und dazu noch deutlich jünger ist als die Professoren selbst.

Schublade einordnen können: Er benutzt die unterschiedlichsten Werkzeuge und Techniken, je nach Bedarf und in schnellem Wechsel. Er arbeitet oft »aus dem Bauch« und müsste erst nachdenken, wollte er ein bestimmtes Verhalten begründen: Die Unterscheidung der Methoden verschwimmt.

Klärungshilfe

Die Klärungshilfe ist eine Methode der Konfliktaufarbeitung, die innerseelische und zwischenmenschliche Aspekte von Konflikten in den Vordergrund stellt. Diese Methode beinhaltet ein sehr sensibles und auch entschlossenes Vorgehen. Wer nach dieser Methode vorgeht, muss eine ausgereifte, in sich ruhende Persönlichkeit besitzen, wenn er erfolgreich in Konflikten vermitteln will.
Der Klärungshelfer, der nach verschiedenen Vorgesprächen eine mehrtägige Sitzung mit den Konfliktbeteiligten anberaumt, arbeitet in erster Linie an den verletzten Gefühlen, die er behutsam ans Tageslicht holt. Er ist eher als ein Begleiter auf dem Weg zu gegenseitigem Verständnis zu sehen als ein Konfliktlöser. Wert- und Beziehungskonflikte lassen sich erfolgreich mit dieser Methode bearbeiten, wenn die Konfliktbeteiligten über gut entwickelte Persönlichkeiten verfügen.

So geht der Klärungshelfer vor:

Die Klärungshilfe geht in sieben Schritten vor, die jeweils aufeinander aufbauen.

Schritt 1 In der Auftragsklärung wird überprüft, ob die Methode der Klärungshilfe für den bestehenden Konflikt die richtige Technik sein kann. Auch das konkrete Vorgehen und der voraussichtliche Umfang der Maßnahme wird hier geplant.

Schritt 2 In der Anfangsphase treffen sich die am Konflikt Beteiligten und lernen den Klärungshelfer kennen. In dieser Phase soll herausgefunden werden, ob es noch Hindernisse gibt, die beseitigt werden müssen, bevor man in die Klärung des Konflikts einsteigt.

Schritt 3 In der Phase der Selbstklärung geht es »ans Eingemachte«. Jede anwesende Person erklärt aus ihrer subjektiven Sicht, was alles zu dem Konflikt zu sagen ist, wie er entstanden ist und wie er sich auswirkt.

Schritt 4 In der Dialogphase, im »Dialog der Wahrheit«, werden diese unterschiedlichsten und sich gegenseitig widersprechenden subjektiven Verhaltensweisen miteinander in Kontakt gebracht. Es findet eine Art verlangsamter und dadurch vertiefter Streitdialog zwischen den Konfliktparteien statt. Gefühle und belastende Vergangenheit müssen erst aufgelöst werden, bevor man Lösungen für die Gegenwart und Zukunft finden kann.

Schritt 5 Dies geschieht in der Phase »Erklärungen und Lösungen«. Zunächst wird der Konflikt anhand einer Theorie für alle nachvollziehbar erklärt. Das bewirkt eine allgemeine Beruhigung. Die Beteiligten sind nun fähig, sachlich nach neuen Lösungen zu suchen. Es vergehen also über zwei Drittel der

Zeit, bis man zu den Lösungen kommt. Hier werden nun schließlich Sachthemen diskutiert und Abmachungen getroffen.

Schritt 6 In der Abschlussphase wird der Klärungsprozess abgeschlossen, Reste werden benannt und Konsequenzen für nicht Besprochenes oder nicht Gelöstes formuliert. Außerdem wird an diesem Punkt natürlich auch Abschied genommen.

Schritt 7 In der späteren Nachsorgephase findet eine Überprüfung des Transfers und eventuell eine Nachbetreuung statt.

Mediation

Die Mediation hat ihre Wurzeln im Englisch sprachigen Raum und bedeutet so viel wie »Vermitteln«. Bei dieser Technik geht es also um das sachbezogene Aushandeln von Konfliktlösungen. Bekannt gewordene Variante der Mediation ist das »Harvard-Konzept«. Es zeigt sehr wirkungsvolle Strategien, wie unter Beachtung der Selbstwertgefühle aller Beteiligten verhandelt werden kann. Hier nun eine knappe Zusammenfassung, was unter Mediation zu verstehen ist:

Mediation will zukünftiges Zusammenleben ermöglichen und nicht in der Vergangenheit verharren. Auf eine Aufarbeitung der Vergangenheit wird zugunsten zukunftsorientierter Abmachungen weitgehend verzichtet.

Mediation will Konflikte kooperativ bewältigen. Es werden win-win-Lösungen angestrebt anstelle von Nullsummenspielen, bei denen der Gewinn einer Partei den Verlust der anderen Partei darstellt.

Mediation will professionell handeln. Zusätzlich zu ihrem fachlichen Wissen sind Mediatoren geschult in der Kunst der Übersetzung, der Verhandlung und der Vermittlung. Der Mediator fungiert als Katalysator in verfahrenen Situationen, in denen sich die Parteien in ihren Argumenten und Mitteln wiederholen. Er animiert zum Gespräch und fördert die Auseinandersetzung mit den jeweiligen Problemen. Auch die Mediation versteht sich lediglich als Hilfe zur Selbsthilfe. Sie besteht auf der Autonomie und Selbstbestimmung der Parteien. Allerdings bleibt der Mediator nicht unter allen Umständen neutral, vorübergehend kann er Positionen einnehmen, um Macht- und Verhandlungs-Ungleichgewichte auszugleichen. Mediation folgt einigermaßen festen Regeln und die Anforderungen an die Persönlichkeit des Mediators sind deutlich geringer als bei der Klärungshilfe. Mediation ist ein relativ schnelles Verfahren zur Bewältigung von Verteilungskonflikten.

Kerninhalte der Mediation

Mediation heißt ...

→ Vermittlung zwischen den am Konflikt beteiligten Personen
→ Konfliktregelung durch Konsens und nicht durch Recht oder Macht
→ Interessen statt Positionen

Mediation ist ...

→ ein außergerichtliches Konfliktbearbeitungsverfahren ...
→ ... in dem alle am Konflikt Beteiligten ...
→ ... mit Unterstützung eines externen, allparteilichen Dritten (Mediator/in) ...

→ ... freiwillig, eigenverantwortlich und gemeinsam ...
→ ... eine fall- und problemspezifische Konfliktregelung beziehungsweise Konfliktlösung erarbeiten.

Unbedingte Voraussetzung für Mediation sind ...

→ Freiwilligkeit
→ Akzeptanz
→ Offenheit
→ Vertraulichkeit

Ziele der Mediation sind ...

→ konstruktive,
→ individuelle,
→ zukunftsorientierte,
→ kooperative,
→ tragfähige, das heißt dauerhafte Konfliktregelungen, nach Möglichkeit mit Gewinn für alle Beteiligten

Anwendungsbereiche für Mediation sind ...

→ Familien-, Trennungs- und Scheidungskonflikte
→ Erbkonflikte
→ Wirtschaftskonflikte
→ Arbeitskonflikte
→ Arzt/Patientenkonflikte
→ Umweltkonflikte (Planung und Umsetzung größerer Projekte)
→ Nachbarschaftskonflikte
→ Miet- und Verbraucherkonflikte
→ Schulkonflikte
→ Täter-Opfer-Ausgleich
→ Politische Konflikte

Mediation verläuft in folgenden Schritten:

1 Vorgespräch (Kurze Erläuterung des Konflikts; Prüfung der Zweckmäßigkeit einer Mediation; Aufzeigen der Vorgehensweise)
2 Vereinbarung über Vorgehensweise und Kosten
3 Erörterung der Konfliktlage
4 Suchen nach möglichen Konfliktregelungen, Überprüfung der tatsächlichen Möglichkeiten der Umsetzung
5 Einigung auf ein Ergebnis
6 Rechtliche Gestaltung der gefundenen Konfliktregelung

Konfliktmoderation

Eine Konfliktmoderation verbindet schließlich die Aspekte der Klärungshilfe und der Mediation, also psychologische und sachliche Aspekte miteinander.
Auch für diese Methode gilt, wie bei der Klärungshilfe, dass die Gefühle einen hohen Stellenwert haben, und dass, wie bei der Mediation, Sachlösungen verhandelt werden. Diese Methode ist gründlich, wenn die Beteiligten freiwillig teilnehmen und den Moderator akzeptieren. Auch hier findet die eigentliche Lösungsarbeit in Sitzungen mit allen Beteiligten statt. Die Konfliktmoderation eignet sich für die Bearbeitung aller Konfliktarten, ist also universell einsetzbar. Es gibt fünf wichtige Bausteine für die Vorbereitung und Durchführung einer Konfliktmoderation durch Moderatoren, die Sie im folgenden Abschnitt kennen lernen werden.

Für alle Methoden gilt: Der Moderator muss von allen akzeptiert und zumindest als gleichwertig angesehen werden.

Bausteine der Konflikmoderation

1. Vorgespräch
Der Auftrag wird mit der Führungskraft vereinbart. (Anmerkungen: Es muss die Führungskraft sein! Keine Stellvertreter oder Delegierte. Achtung! Der Moderator übernimmt keine Führungsaufgaben!)
Welche Anliegen hat die Führungskraft?
→ Ihre Ziele
→ Ihr Engagement und ihre Bereitschaft zur Mitarbeit

Wie sieht die Konfliktsituation aus der Sicht der Führungskraft aus?
→ Alles, was wichtig ist, berichten lassen
→ Die Position der Führungskraft im Konflikt identifizieren

Was kann Moderation (nicht) leisten?
→ Möglichkeiten der Moderation in diesem Fall aufzeigen
→ Deutlich machen, was nicht geht

Den (vorläufigen) Auftrag absprechen
→ Ziele bestimmen: Was soll (und kann) erreicht werden?
→ Rahmenbedingungen (Zeit, Teilnehmer, Honorar ...) festlegen

2. Einstieg

Zwischenmenschlichen Kontakt herstellen oder: Die Wüste der Fassaden meiden!
Zeitdruck vermeiden
→ Kostproben geben
→ Moderationsstil zeigen
→ Jeder kommt zu Wort
→ Visualisieren

Dialog mit jedem
→ Was möchte ich wissen?
→ Interesse an jeder Person zeigen

Befürchtungen akzeptieren
→ Hoffentlich wird alles nicht noch schlimmer!
→ Wie werde ich im Konflikt dastehen?
→ Wie peinlich, wenn wieder jemand ausflippt!

3. Auftrag

Konflikt-Themen sammeln und Vorgehen vereinbaren statt im Morast der Ziellosigkeit versinken!

Themen sammeln / Vorgehen absprechen
Individuelle Vorbereitung:
→ Jedes Teammitglied überlegt seine Anliegen

Einzelne Anhörung: Jeder kommt dran
Zusammenfassende Stellungnahme:
→ Was kann wie bearbeitet werden?
→ Was geht nicht?

Gemeinsame Absprache:
→ Wohin wir wollen und wie wir vorgehen werden.

4. Klärung

Sichtweisen der Konfliktpartner klären oder: Das Dickicht der Argumente lichten.
Im Zickzack durchs Kommunikations-Quadrat bei jedem Konfliktpartner:
→ Wie geht es Ihnen mit dem Konflikt?
→ Welche sachlichen Informationen sind Ihnen wichtig?
→ Wie sehen Sie die Beziehung?
→ Was wünschen Sie sich von der anderen Seite?

Dabei:
→ Dem Ablauf Struktur geben
→ Dem inneren Erleben aktiv zuhören
→ Sachinhalte visualisieren
→ Abwertende Bemerkungen in annehmbare Sprache übersetzen

5. Verhandlung

Positionen in Bewegung bringen oder: Das Gebirge der Sturheit umgehen!
Von der Eröffnung über die folgenden Schritte zum Beschluss kommen:
→ Zahl der Lösungsmöglichkeiten durch Brainstorming erhöhen, statt sich an Einzelvorschlägen festzufressen

→ Kreative Mischungen erarbeiten
→ Kompromisspakete schnüren
→ Verbindliche Regelungen treffen
→ Wer tut was, bis wann, wie geprüft?

Konfliktlösungsbegleitung

Die Konfliktlösungsbegleitung nimmt je nach Bedarf und Situation die Elemente der oben beschriebenen drei Methoden der Konfliktmoderation, der Klärungshilfe und der Mediation auf und ergänzt sie um eine oft wesentliche Tätigkeit: Die aktive Mitarbeit.
Bei dieser Technik der Konfliktbearbeitung geht der Berater in die Abteilung, in die Gruppe(n) hinein und gliedert sich in die tägliche Arbeit ein, wo immer das möglich ist. Er wird so für kurze Zeit zum »Kollegen«, der die gleiche Luft atmet wie die Konfliktparteien und mit diesen auch in engem Kontakt steht. Auf diese Weise kann sich ein besonderes Verhältnis zwischen allen Parteien und dem Berater entwickeln, das die spätere Klärungshilfe oder Konfliktmoderation abkürzt.
Auch in der Phase der Umsetzung der gefassten Beschlüsse ist der Berater oft zugegen und für die (jetzt ehemaligen) Konfliktgegner jederzeit erreichbar. Das schafft Vertrauen in die Umsetzbarkeit der erarbeiteten Lösungen und die Stabilität der eingeleiteten Prozesse. Diese Art der Konfliktbearbeitung stellt zum einen besonders hohe Anforderungen an den Berater, der sich bei aller Nähe zum Konflikt nicht in diesen verstricken darf. Zum anderen erlaubt es eine gründliche Konfliktlösung, welche die Wahrscheinlichkeit von Folgekonflikten sehr stark minimiert. Durch die aktive Mitarbeit des

auf einen blick

✔ Der Berater arbeitet für einige Tage im Unternehmen mit.

✔ Verletzte Gefühle können aufgearbeitet werden.

✔ Hinter den Positionen liegende Interessen werden beachtet und vertrauensvoll verhandelt.

✔ Zukunftsorientierte Abmachungen werden getroffen.

✔ Die Umsetzung der Abmachungen wird begleitet, was den Beteiligten Handlungssicherheit gibt.

✔ Die betroffenen Abteilungen stehen weniger lange still als bei anderen Verfahren der Konfliktbearbeitung.

✔ Konfliktlösungsbegleitung eignet sich für alle Arten von Konflikten, besonders für Konfliktgeschehen, in denen sich mehrere Konfliktarten gleichzeitig abspielen.

Beraters vor Ort steht die betreffende Abteilung nicht für Tage still, sondern nur für die Stunden der anberaumten Gespräche, die viel kürzer ausfallen können als bei allen anderen Techniken. Das macht diese Art der Konfliktlösung zusätzlich attraktiv.
Die Technik der Konfliktlösungsbegleitung eignet sich für die Lösung aller Konfliktarten.

s e r v i c e

Adressen, die weiterhelfen

Der Autor führt Beratungen, Coachings und alle in diesem Buch beschriebenen Arten von Konfliktbearbeitung, insbesondere aber Konfliktlösungsbegleitung durch:

→ Lorenz Haschtmann,
Allensteiner Weg 1, 24217 Kalifornien,
Tel. 0 43 44/41 43 54, Fax 0 43 44/41 45 10
Email: Lhaschtmann@Lhaschtmann.de
Web: www.Lhaschtmann.de

→ Informationen zur Klärungshilfe-
Ausbildung:
Christoph Thomann
Fax: 0041/(0)31/8 79 23 20

→ Bundesverband Mediation e.V.
Fachverband zur Förderung der
Verständigung in Konflikten
Kirchweg 80, 34119 Kassel
Tel.: 05 61/7 39 64 13
Fax: 05 61/7 39 64 12
E-Mail: info@bmev.de
www.bmev.de

→ Centrale für Mediation
Aktuelle Rechtsprechung, Ausbildungs-
angebote, Literaturtips, Links
Unter den Ulmen 94–96, 50968 Köln
Tel.: 02 21/9 37 38-801
Fax: 02 21/9 37 38-926
E-Mail: cfm@mediate.de
www.centrale-fuer-mediation.de

→ Göttinger Institut für Mediation
Konfliktberatung, gute Linkliste, Seminare
Dresdener Str. 12, 37085 Göttingen
Tel.: 05 51/79 60 68
E-Mail: webmaster@mediation-goettingen.de
www.mediation-goettingen.de

→ konzeptur
Berater-/Referentendatenbank,
Personal- und Organisationsentwicklung
Natruper Str. 109
49076 Osnabrück
Tel.: 05 41/6 85 43 01
Fax: 05 41/6 85 43 02
E-Mail: info@konzeptur.de
www.konzeptur.de

Hilfe aus dem Internet

→ Coaching-Report
Umfassende Informationen zum Thema,
gute Literaturliste
www.rauen.de

→ Coaching-Web
Glossar mit Fachbegriffen, FAQ
www.coaching-web.de

→ Frauencoaching
Forum, Pinwand, Berufs-/Karriereberatung
www.frauencoaching.de

→ Frauenfinanzseite
Online-Coaching
www.frauenfinanzseite.de/karriere

→ Mobbingwerkstatt
Informationssammlung zum Thema
Mobbing
www.mobbingwerkstatt.de

→ MWonline
Online-Coaching
www.mwonline.de/online-coaching-
forum.htm

Bücher, die weiterhelfen

→ Bach, George R./Wyden, Peter: *Streiten verbindet. Spielregeln für Liebe und Ehe.* Fischer,
Frankfurt am Main.

→ Birkenbihl, Vera F.: *Kommunikations-Training.
Zwischenmenschliche Beziehungen erfolgreich
gestalten.* mvg, Landsberg/Lech.

→ De Bono, Edward: *Der Klügere gibt nicht nach.
Vom erstarrten zum fließenden Denken.* Econ,
München.

→ Covey, Stephen R.: *Die Sieben Wege zur Effektivität.* Campus, Frankfurt/New York.

→ Fisher, Roger/Ury, William: *Das Harvard-Konzept. Sachgerecht verhandeln – erfolgreich verhandeln.* Campus, Frankfurt/New York.

→ Glasl, Friedrich: *Konfliktmanagement. Ein
Handbuch für Führungskräfte, Beraterinnen
und Berater.* Haupt, Berne/Freies Geistesle-
ben, Stuttgart.

→ Goleman, Daniel: *Emotionale Intelligenz.*
dtv, München.

→ Hendricks, Gay/Hendricks, Kathlyn: *Die neu-
en Körpertherapien. Persönlichkeitsentwicklung durch Integration von Körper und Emotionen.* Knaur, München.

→ Hendricks, Gay: *The Corporate Mystic.* Ban-
tam Books, New York.

→ Rauen, Christopher: *Handbuch Coaching.*
Verlag für angewandte Psychologie, Göttingen.

→ Redlich, Alexander: *Konfliktmoderation.*
Windmühle, Hamburg.

→ Riemann, Fritz: *Grundformen der Angst. Eine
tiefenpsychologische Studie.* Reinhardt,
München.

→ Schulz von Thun, Friedemann/Ruppel,
Johannes/Stratmann, Roswita: *Miteinander
reden: Kommunikationspsychologie für
Führungskräfte.* Rowohlt, Reinbek bei Hamburg.

→ Thomann, Christoph: *Klärungshilfe: Konflikte im Beruf.* Rowohlt, Reinbek bei Hamburg.

→ Watzlawick, Paul/Beavin, Janet/Jackson,
Don: *Menschliche Kommunikation. Formen,
Störungen, Paradoxien.* Hans Huber, Bern.

→ Watzlawick, Paul/Weakland, John/Fisch,
Richard: *Lösungen. Zur Theorie und Praxis
menschlichen Wandels.* Hans Huber, Bern.

r e g i s t e r

impressum

Redaktionsleitung:
Steffen Haselbach
Lektorat: Gabriele Heßmann
Coverfotos: Andreas Hosch

Umschlag und Gestaltung:
indepedent Medien-Design
Herstellung: Ute Hausleiter
Satz: Büro für Informationsgestaltung, München
Repro: Repro Ludwig, Zell am See
Druck und Bindung: Kaufmann, Lahr

ISBN: 3-7742-3406-X

Fotos

Bavaria Bildagentur: 24/25, 53, 54, 91, 102, 110, Inhalt. IFA: 98. Image Bank: 38, 47, 66, 68 77, 80. Mauritius: 16, 50, 56, 60, 62, 121, Inhalt. Photonica: 21, 30, 116,. Pictor: 6, 36, 74, 86/87, 88, Inhalt. Premium: 64. Superbild: 26. The Stock Market: 12, 40. Tony Stone: 18. Zefa: 4/5, 42, 48/49, 85, 93, 107.

Umwelthinweis

Dieses Buch wurde auf chlorfrei gebleichtem Papier gedruckt. Um Rohstoffe zu sparen, haben wir auf Folienverpackung verzichtet.

Wichtiger Hinweis

Die Beiträge in diesem Buch sind sorgfältig recherchiert und entsprechen dem aktuellen Stand. Abweichungen, beispielsweise durch seit Drucklegung geänderte Preise, Gebühren, Anlageentwicklungen, WWW-Adressen, etc. sind nicht auszuschließen. Weder Autor noch Verlag können für eventuelle Nachteile oder Schäden, die aus den im Buch gegebenen praktischen Hinweisen resultieren, eine Haftung übernehmen.

Auflage	4.	3.	2.	1.
Jahr	04	03	02	01